edition^{cph}

Eine Dokumentation der Konferenz
Untragbar! Stoff zum Nachdenken
vom 24. bis 26. September 2015
anlässlich der Verleihung des
Nürnberger Menschenrechtspreises
an Amirul Haque Amin

Untragbar

Ein Menschenrecht
auf faire Kleidung?

Inhalt

Stoff zum Nachdenken – eine Einladung

Mit diesem kleinen Büchlein legen wir Ihnen „Stoff zum Weiterdenken" vor. Ausgangspunkt dafür war die Konferenz „Untragbar!
Stoff zum Nachdenken" vom 24. bis 26. September 2015, anlässlich
der Verleihung des Nürnberger Menschenrechtspreises an Amirul
Haque Amin. Ganz bewusst verstehen wir dieses Büchlein aber
nicht als Tagungsdokumentation, sondern als Einladung, den damals aufgeworfenen Fragen vertieft nachzugehen.

Jeweils begleitend zur Verleihung des Nürnberger Menschenrechtspreises findet eine Konferenz statt, welche die Arbeit der
jeweiligen Preisträgerinnen und Preisträger in den Mittelpunkt
stellt. Wie weit das Feld der Menschenrechte und leider eben auch
der Verletzungen und Missachtung derselben ist, zeigen die Themen der vergangenen Jahre. Ob nun Pressefreiheit, sexuelle Selbstbestimmung oder das Recht auf Arbeit und gleichen Lohn sowie
soziale Sicherheit – es bedarf unerschrockener Menschen zur Ver-
teidigung dieser Rechte.

Im Jahr 2015 wurde mit dem Nürnberger Menschenrechtspreis
der Gewerkschaftler Amirul Haque Amin aus Bangladesch ausgezeichnet. Martina Mittenhuber stellt die Tradition und damit auch
die Bedeutung des Nürnberger Menschenrechtspreises sowie den
Preisträger kurz vor.

Michael Krennerich gab während der Konferenz einen Überblick zum Stand der Menschenrechte und deren Berücksichtigung in der Bekleidungsindustrie. Sein Beitrag, den wir in der Vortragsfassung vorstellen, bietet die Möglichkeit zu einer ersten Auseinandersetzung mit dem komplexen Themenbereich. Ergänzend dazu beschreibt Frank Braun die Dynamik, die sich aus einem veränderten Konsumverhalten ergeben kann, und stellt eine Auflistung der einschlägigen Labels und Siegel vor.

Ebenfalls in der Vortragsfassung dürfen wir den Beitrag von Thomas Seibert einer breiteren Öffentlichkeit bekannt machen. Er versteht sich „als Philosoph, der seiner Leidenschaft nicht nur in freien Stunden, sondern in möglichst enger Verbindung mit seiner Arbeit folgt". Zweifellos ist dieser als Grundsatzartikel zu verstehende Beitrag keine wissenschaftliche Abhandlung, sondern eine eindeutige Stellungnahme und ein Diskussionsbeitrag, der sicher auch Widerspruch herausfordern kann. Aber genau dies entspricht auch dem Ziel der anderen Beiträge: Wir möchten Sie zum Weiterdenken (und gerne auch Weiterdiskutieren) einladen!

Wir bieten mit diesem kleinen Bändchen sicherlich nicht in jedem Fall fertig konfektionierte Patentrezepte prêt-à-porter, sondern Denkanstöße, die nicht immer von der Stange kommen, sondern für den jeweiligen Einzelfall zugeschnitten werden müssen. Sollte trotzdem nicht immer alles passen, laden wir Sie – zusammen mit Kooperationspartnern – herzlich zu einer Veranstaltung im CPH ein. Vielleicht finden Sie dann genau das Richtige?

Abschließend gilt es noch, ein herzliches Dankeschön zu sagen: An erster Stelle allen Kooperationspartnern, welche die begleitende Konferenz zur Menschenrechtspreisverleihung gemeinschaftlich getragen haben. Und in ganz besonderer Weise daran anschließend an alle, welche ihre Beiträge während der Tagung für diese Veröffentlichung zur Verfügung gestellt haben. Eine Kurzbiografie beziehungsweise eine Darstellung der Kooperationspartner befindet sich am Ende des Bandes. Abschließend ebenso ein herzliches Dankeschön an die Begleiter des Bandes, welche die redaktionelle und die grafische Aufbereitung übernommen haben.

Siegfried Grillmeyer
im Namen der Kooperationspartner

Der Preisträger mit
Oberbürgermeister
Dr. Ulrich Maly bei
der Verleihung
des Preises im
Opernhaus
Nürnberg.

Martina Mittenhuber

Der Internationale Nürnberger Menschenrechtspreis und sein Preisträger 2015: Amirul Haque Amin

Den großen Sitzungssaal des Nürnberger Rathauses schmückt ein Wandteppich des Künstlers und ehemaligen Präsidenten der Akademie der Bildenden Künste in München, Hanns Herpich. Dort sind folgende Worte eingewebt: „Der Internationale Nürnberger Menschenrechtspreis und die Straße der Menschenrechte sind Mahnung gegen das Vergessen, aber auch Zeichen der Hoffnung: Sie sind Symbole für den festen Willen der Bürgerinnen und Bürger Nürnbergs, dass von dieser Stadt nie mehr Hass, sondern nur noch Signale des Friedens, der Völkerversöhnung und der Menschlichkeit ausgehen sollen."

Dieser programmatische Satz fasst in beinahe pathetischer Weise die Selbstverpflichtung der Stadt Nürnberg zusammen, die Last eines schweren historischen Erbes in einen positiven Auftrag für Gegenwart und Zukunft zu verwandeln. Nicht von ungefähr im großen Versammlungsraum der politischen Gremien angebracht, erinnert der Leitspruch die für das Geschick der Stadt Verantwortlichen bei jeder ihrer Sitzungen an die im Jahr 2001 ins Leitbild der Stadt aufgenommene Vision einer Stadt des Friedens und der Menschenrechte.

Bereits 1993 hatte der israelische Künstler Dani Karavan mit der Straße der Menschenrechte in der Kartäusergasse eine imposante Installation mit großer Wirkkraft geschaffen: Als Verbindungsglied zwischen den Gebäudetrakten des Germanischen Nationalmuseums ist sie nicht nur ein beeindruckender städtebaulicher Akzent, in ihrer inhaltlichen Ausgestaltung – Kurzfassungen aller dreißig Artikel der Allgemeinen Erklärung der Menschenrechte, eingraviert in Rundpfeiler strengster geometrischer Ausrichtung – knüpft sie direkt an die Verstrickungen Nürnbergs während der Zeit des Nationalsozialismus und die daraus erwachsenen humanitären Verpflichtungen an.

„Leuchtturm" der Nürnberger Menschenrechtsaktivitäten ist der im Jahr 1995 erstmals verliehene Internationale Nürnberger Menschenrechtspreis. Eine hochkarätige, international besetzte Jury und die Unterstützung des Preises durch die Vereinten Nationen, die UNESCO und namhafte Nichtregierungsorganisationen haben dazu beigetragen, dass er zwischenzeitlich zu den weltweit beachteten Menschenrechtsauszeichnungen gehört. Die Preisträgerinnen und Preisträger, allesamt Aktivistinnen und Aktivisten, die unter hohem persönlichen Risiko für den Menschenrechtsschutz in ihren Heimatländern eintreten, kommen aus allen Teilen der Welt: Mexiko, Pakistan, Usbekistan, Mauretanien, dem Iran, Uganda und Bangladesch. Ihre Themen und Arbeitsfelder sind so vielfältig wie der Menschenrechtskatalog selbst; sie reichen vom Einsatz für indigene Völker über den Kampf für Presse- und Meinungsfreiheit bis hin zur sexuellen Selbstbestimmung. Eine hochrangige Jury sorgt für internationales Interesse von Politik und Medien.

Von der Fülle der weltweit verliehenen Menschenrechtspreise hebt sich die Nürnberger Auszeichnung durch ihre starke Verankerung innerhalb der Bürgerschaft ab: Zum Begleitprogramm gehört immer eine internationale Konferenz, die das jeweilige Thema intensiv beleuchtet und neben Expertinnen und Experten auch die interessierte Öffentlichkeit adressiert. Mit der Friedenstafel im Anschluss an den Festakt im Opernhaus feiert die Bevölkerung ein großes Fest der Solidarität mit ihrem Preisträger und dank der kommunalen Stiftung Nürnberg – Stadt des Friedens und der Menschenrechte – und einer großen Spendenbereitschaft einzelner Bürgerinnen und Bürger können Projekte vor Ort über Jahre hinweg unterstützt werden.

Erstmals in der Geschichte des Preises hat die Jury mit der Auszeichnung des bengalischen Gewerkschaftsführers Amirul Haque Amin im Jahr 2015 die sozialen Menschenrechte in den Blick genommen. In ihren Artikeln 22 bis 27 beschreibt die Allgemeine Erklärung der Menschenrechte das Grundprogramm, das ab 1966 im UN-Sozialpakt ausformuliert und ratifiziert wurde: den Kanon der wirtschaftlichen, sozialen und kulturellen Menschenrechte. Hier verbrieft sich das Recht aller Menschen, sich zu entwickeln und teilzuhaben an den Gütern und dem Wohlstand dieser Welt. Seit 1998 hat das Recht auf würdige Arbeit den Charakter eines universellen Menschenrechts – dies umfasst nicht nur das Recht auf gerechte und auskömmliche Entlohnung, sondern auch eine ganze Reihe von Schutzmaßnahmen und nicht zuletzt das Recht, Gewerkschaften zu bilden und solchen beizutreten. Und doch wird dieses umfassende Menschenrecht in so vielen Ländern der Welt regelmäßig verletzt. Gerade innerhalb der globalen Textil- und Bekleidungsindustrie ist der Prozess der internationalen Verflechtung weit vorangeschritten – ein Kleidungsstück ist Stoff gewordene Globalisierung. Weltmarkt und internationale Produktions-

Martina Mittenhuber

Auf dem Weg von der Preisverleihung im Opernhaus über
die Straße der Menschenrechte zur Friedenstafel, von links:
Petra Maly, Preisträger Amirul Haque Amin, Oberbürgermeister
Ulrich Maly und Stephan Doll, Vorsitzener DGB.

ketten jedoch sind von der Konkurrenz um Märkte und Investoren sowie der Orientierung auf kurzfristige Wettbewerbsvorteile geprägt. Dafür werden Niedriglöhne, prekäre Beschäftigungsformen, unzureichende Sicherheitsstandards sowie Verstöße gegen die Vereinigungsfreiheit billigend in Kauf genommen. Welch hohen Preis die Menschen in den Ländern des Südens für die Vielfalt in unseren Kleiderschränken zahlen, zeigte nicht nur die Tragödie von Rana Plaza, sondern zahllose weitere Unglücksfälle, die häufig nicht einmal Eingang finden in unsere Medienberichte.

Seit über drei Jahrzehnten kämpfen Amirul Haque Amin und seine Gewerkschaft NGWF für die Verbesserung der Arbeitsbedingungen und des Gesundheitsschutzes, für existenzsichernde Löhne, für gleiche Rechte von Männern und Frauen, für den Ausbau der Bildung sowie angemessene Entschädigungen für die Hinterbliebenen der Opfer von Taazren und Rana Plaza und anderer Unfallkatastrophen.

Amins unermüdlicher Einsatz für die Verbesserung der Arbeits- und Lebensbedingungen der Beschäftigten in der Textilindustrie in Bangladesch machte die Gewerkschaft NGWF zur stärksten und größten Bekleidungsgewerkschaft des Landes mit heute etwa 30.000 Mitgliedern. Neben der Zentrale in Dhaka baute er als Gewerkschaftspräsident Büros in acht weiteren Industriezonen auf. Bemerkenswert ist der hohe Anteil an Frauen, mehr als sechzig Prozent, in der Führungsspitze der NGWF.

Unter der Führung von Amirul Haque Amin gelang es der Gewerkschaft, die Vernetzung sowohl landesweit als auch international auszubauen. So ist die NGWF Gründerin und Mitglied des „Bangladesh Garments Workers Unity Council" (Dachverband der Bekleidungsgewerkschaften). Amin erkannte schnell, dass die Interessensvertretung gegenüber multinationalen Unternehmen eine globale Gewerkschaftsaufgabe ist. So arbeitet die NGWF heute zusammen mit den weltweit agierenden Gewerkschaftsdachverbänden IndustriAll und der UNI Global Union sowie der Gewerkschaft ver.di und dem internationalen Netzwerk ExChains. Über ExChains gibt es einen direkten und regelmäßigen Austausch mit Betriebsräten aus verschiedenen Textilunternehmen in Deutschland.

Zentrale Akteure im Kampf um menschenwürdige Arbeitsbedingungen nicht nur in Bangladesch sind die Gewerkschaften. Gewerkschaftsmitglieder und Arbeitsrechtsaktivistinnen jedoch, die sich für bessere Löhne und ein sicheres Arbeitsumfeld in ihren Fabriken einsetzen, gehen, wie Amin es erleben musste, große Gefahren ein. Verbale und körperliche Angriffe, Einschüchterungen und Entlassungen ohne ausbezahlten Lohn gehören zu den alltäglichen Formen der Bestrafung. Mit der Auszeichnung von Amirul Haque Amin wollte die Jury des Internationalen Nürnberger Menschenrechtspreises deshalb auch den Einsatz der Gewerkschaftsbewegung für gute Arbeit weltweit honorieren.

Die bisherigen Preisträgerinnen und Preisträger

① Preisträger 2015
Amirul Haque Amin (Bangladesch)
für seinen Kampf für die Rechte
der Arbeiterinnen und Arbeiter
in der Textilindustrie.

② Preisträgerin 2013
Kasha Jacqueline Nabagesera (Uganda)
für ihren mutigen Kampf gegen
Homophobie und für sexuelle
Selbstbestimmung in Uganda

③ Preisträger 2011
Hollman Morris (Kolumbien)
für sein Engagement für die
Wahrung der Menschenrechte
in Kolumbien

④ Preisträger 2009
Abdolfattah Soltani (Iran)
für sein Engagement für die
Anerkennung der Menschenrechte
in der Islamischen Republik Iran

⑤ Preisträgerin 2007
Eugénie Musayidire (Ruanda)
für ihre Versöhnungsarbeit zwischen
den beiden verfeindeten Volksstämmen
der Hutu und Tutsi in Ruanda

⑥ Preisträgerin 2005
Tamara Chikunova (Usbekistan)
für ihr Engagement gegen die
Todesstrafe und Folter

⑦ Preisträger 2003
Teesta Setalvad (Indien) und
Ibn Abdur Rehman (Pakistan)
für ihr Eintreten gegen Vorurteile,
Hass und Gewalt

⑧ Preisträger 2001
Bischof Samuel Ruíz García (Mexiko)
für seine Bemühungen um die Rechte
der indigenen Völker

⑨ Preisträger 1999
Fatimata M'Baye (Mauretanien)
für ihren Kampf gegen die
Diskriminierung schwarzafrikanischer
Bevölkerungsgruppen

⑩ Preisträger 1997
Abe J. Nathan (Israel) und
Khémaïs Chammari (Tunesien)
für ihre Friedensaktivitäten
im Nahen Osten

⑪ Preisträger 1995
Sergej Kowaljow (Russland)
für sein Engagement gegen
den Tschetschenien-Krieg

menschenrechtsbüro
www.nuernberg.de/internet/
menschenrechte

Amirul Haque Amin, Preisträger des Internationalen
Nürnberger Menschenrechtspreises 2015, im Büro der
National Garment Workers Federation (NGWF) in der
Topkhana Road in Bangladeschs Hauptstadt Dhaka.

Impressionen aus der täglichen Arbeit des Gewerkschaftsführers und Preisträgers *Fotografiert von Gordon Welters*

Vorbereitung im Gewerkschaftsbüro
auf eine Demonstration.

Demonstration gegen die Arbeitsbedingungen
der Textilarbeiterinnen und Textilarbeiter.

24

ঢাক

তাজরিনের নিহত অ
অবিলম্বে তাজরি
দের দ্রু
শ্রমিব

Pressekonferenz im Freien
nach der Demonstration.

Auch in Deutschland gibt es eine Reihe von Möglichkeiten, wie wir unserer menschenrechtlichen Verantwortung gerecht werden können.

MICHAEL KRENNERICH

Michael Krennerich

Menschenrechtliche Verantwortung in der Textil- und Bekleidungsindustrie

Die vorhersehbaren und vermeidbaren Tragödien in den Textil-fabriken Bangladeschs und Pakistans der vergangenen Jahre, die in Deutschland große öffentliche Aufmerksamkeit erfahren haben, stehen für die Missstände in unzähligen anderen Textilfabriken weltweit, die unter menschenverachtenden Bedingungen für den Weltmarkt billig Kleidung herstellen. Sie sind Sinnbild für die mangelnde Sorgfalt und Verantwortungslosigkeit dortiger Fabrik-besitzer sowie deren Auftraggeber in Nordamerika und Europa. Sie stehen aber auch für das Versagen der Staaten und der inter-nationalen Gemeinschaft, welche die Menschenrechte schützen und gewährleisten sollten, indem sie beispielsweise verbindliche Regeln für Unternehmen durchsetzen. Die Problematik ist dabei freilich ähnlich komplex, wie die Textilkette lang ist.

Zur Erinnerung: Die textile Kette beginnt bei der Faserher-stellung – seien dies nun Natur- oder Chemiefasern – und umfasst anschließend vielfältige Prozesse der Textilverarbeitung in den Produktionsstätten vor allem in Asien, aber auch in Osteuropa, Mittelamerika und Nordafrika. Charakteristisch für die Textil- und Bekleidungsindustrie ist dabei, dass Modediscounter und Mode-firmen keine eigenen Produktionsstätten besitzen, sondern über ein Netz an Zulieferern verfügen, die in Billiglohnländern produzieren lassen. Die Zuliefer- bzw. Produktionsfirmen stehen untereinander in harter wirtschaftlicher Konkurrenz. Als Auftraggeber bestimmen die Bekleidungsfirmen durch ihre Preispolitik und Einkaufspraktiken maßgeblich die Bedingungen mit, unter denen produziert wird. Über den Handel gelangen dann die Produkte zum Endverbraucher, der – weil es so schön billig ist – Unmengen an Kleidungsstücken kauft und diese mehr oder minder rasch wieder entsorgt. Jeder Deutsche kauft, so wird geschätzt, rund 15 Kilogramm Kleidung pro Jahr und wirft diese dann irgendwann wieder weg, manchmal ungenutzt.

Im Laufe dieser textilen Kette taucht eine ganze Reihe von Problemen auf. Diese sind zum Teil ökologischer Natur, wenn beispielsweise beim Baumwollanbau genmanipuliertes Saatgut und massenhaft Agrarchemikalien verwendet werden. Ohne nachhaltigen Umgang mit Wasser und Böden kommt es möglicherweise auch zur Wasser- und Bodenverknappung. Bei der Chemiefaserherstellung werden Öl und Chemikalien eingesetzt, welche die Umwelt und Gesundheit schädigen können. Dasselbe gilt für die vielen gesundheitsgefährdenden Chemikalien, die bei der Textilverarbeitung – etwa beim Bleichen, Färben oder Imprägnieren – verwendet werden. Die Textilherstellung und -veredelung wendet Abertausende, mitunter toxische und krebserregende Chemikalien an. Schadstoffe befinden sich letztlich dann auch im Endprodukt und auch die Entsorgung ist letztlich nicht ohne Umweltbelastung zu haben.

Nicht minder groß sind die sozialen Probleme. Schon beim Baumwollanbau kommt es mitunter zu Zwangs- und ausbeuterischer Kinderarbeit. Vielfach kritisiert wurde dies beispielsweise im Falle Usbekistans, weltweit einem der größten Baumwollproduzenten. Auf internationalen Druck hin werden zwar dort inzwischen nicht mehr flächendeckend Schulkinder, aber immerhin noch Hunderttausende Erwachsene zur Aussaat und zur Erntezeit auf die Baumwollfelder geschickt und dort einige Wochen zur Arbeit gezwungen, teils unter sehr schwierigen Arbeitsbedingungen und schlecht oder gar nicht bezahlt.

Weit mehr öffentliche Aufmerksamkeit haben indes die teils menschenunwürdigen Arbeitsverhältnisse in den Textilfabriken vor allem in Südasien erregt. Von der „Vorhölle des Weltmarktes" spricht Thomas Seibert von *medico international*. Der von westlichen Unternehmen erzeugte Preis- und Termindruck von Großbestellungen trägt wesentlich zu den miserablen Arbeitsbedingungen in Textilfabriken in Billiglohnländern bei. Dazu gehören hoch prekäre Arbeitsverhältnisse, Hungerlöhne, überlange Arbeitszeiten, Diskriminierungen und Misshandlungen am Arbeitsplatz sowie mangelnde Arbeitssicherheit und ein völlig unzureichender Gesundheitsschutz. Und auch an den Sicherheitsstandards beim Gebäudebau wird massiv gespart, was letztlich zu den weithin bekannten Tragödien in Bangladesch und Pakistan führte.

Zugleich werden gewerkschaftliche Interessenvertretungen und Kollektivverhandlungen in vielen Produktionsländern unterbunden oder behindert. Personen und Organisationen, die sich für Menschen- und Arbeitsrechte einsetzen, werden nicht selten verfolgt, bedroht oder geraten auf schwarze Listen und werden entlassen. Zugleich haben die Betroffenen kaum Möglichkeiten, ihre Rechte einzufordern oder gar vor Gericht einzuklagen, sondern sehen sich eher noch der Repression durch staatliche Stellen ausgesetzt, die mit Unternehmen gemeinsame Sache machen oder gar selbst im Besitz von Politikern sind.

So greifen Verletzungen der wirtschaftlichen und sozialen Menschenrechte, wie der Rechte auf Arbeit, auf faire Arbeitsbedingungen, auf soziale Sicherheit und auf Gesundheit, und Verletzungen der bürgerlich-politischen Menschenrechte, wie etwa das Recht auf Leben, das Verbot der willkürlichen Verhaftung, die Vereinigungs-, Versammlungs- und Meinungsfreiheit sowie auf Zugang zu fairen Gerichtsverfahren, ineinander.

Vielleicht ein Hinweis an dieser Stelle: Ich habe bislang nur von Menschenrechten gesprochen und nicht von Arbeitsrechten, wie sie etwa in Konventionen der Internationalen Arbeitsorganisation, der ILO, niedergelegt sind. Tatsächlich decken sich die Kernarbeitsnormen und viele weitere Arbeitsnormen der ILO mit Menschenrechten, wie sie in Menschenrechtsverträgen verankert sind, etwa in dem Internationalen Pakt über wirtschaftliche, soziale und kulturelle Rechte. Dies gilt etwa für das Verbot von Zwangsarbeit und ausbeuterischer Kinderarbeit, für das Recht, Gewerkschaften zu bilden und Kollektivverhandlungen zu führen, oder auch für das Diskriminierungsverbot und die Rechte auf existenzsichernde Löhne, sichere und menschenwürdige Arbeitsbedingungen und Gesundheitsschutz.

Problem erkannt, Handeln möglich?

Stellt sich die Frage, wie die Menschen- und Arbeitsrechte im Textil- und Bekleidungsbereich besser eingefordert und umgesetzt werden können. An welchen Stellen lässt sich etwas verändern, an welchen Stellschrauben lässt sich drehen? Dabei lassen sich grob drei Ebenen unterscheiden:

1) Was kann und sollte in den Produktionsländern geschehen, also beispielsweise bei der Textilverarbeitung in Bangladesch oder Pakistan?

2) Was lässt sich auf internationaler Ebene tun, um unserer internationalen Verantwortung gerecht zu werden?

3) Und was können wir in und von Deutschland aus unternehmen?

Was ist in den Produktionsländern zu tun?

In den Produktionsländern ist es zunächst wichtig, dass es Betroffenen möglich ist, ihre Menschen- und Arbeitsrechte wirksam einzufordern, einzuklagen und zu nutzen. Zu diesem Zweck ist es notwendig, dass sie sich organisieren. Gewerkschaften und Nichtregierungsorganisationen kommt eine kaum zu überschätzende Bedeutung für das Empowerment der Betroffenen zu. Was meint der schillernde Begriff Empowerment?

Empowerment zielt darauf ab, dass Personen und Gruppen, die über wenig Macht und Einfluss verfügen, aus dem Zustand der Machtunterlegenheit heraustreten und dergestalt erstarken, dass sie ihre Arbeits- und Lebensbedingungen sowie das Gemeinwesen in ihrem Sinne mitgestalten können. Unter arbeits- und menschenrechtliche Empowerment verstehe ich einen Prozess, in dessen Verlauf die Betroffenen das Vermögen erlangen, ihre eigenen Menschenrechte und die Menschenrechte anderer effektiv einzufordern.

Viele Arbeiterinnen und Arbeiter beispielsweise in Bangladesch kennen aber weder ihre Rechte noch haben sie die Mittel, um diese politisch oder rechtlich durchsetzen. Daher sind Gewerkschaften und Gewerkschaftsverbände immens wichtig, in denen sie sich organisieren können. Die „Nationale Gewerkschaft der Textil-arbeiterinnen und Textilarbeiter in Bangladesch", der auch der diesjährige Preisträger des Internationalen Nürnberger Menschenrechtspreises, Amirul Haque Amin, angehört, organisiert beispielsweise Proteste und Demonstrationen, richtet Petitionen an Regierungen und unterstützt Klagen.

Der Staat und Unternehmen untersagen oder behindern oft allerdings die Bildung und die Aktivitäten von Gewerkschaften.

Bis vor kurzem war in Bangladesch beispielsweise die Registrierung von Gewerkschaften extrem schwierig. Erst aufgrund des internationalen Drucks, insbesondere der USA, in Folge der Tragödie von Rana Plaza hat sich da etwas geändert. So sind in Bangladesch in den beiden vergangenen Jahren viele neue Betriebsgewerkschaften entstanden – auch wenn deren Registrierung und Aktivitäten immer noch behindert werden. Mittlerweile ist die dortige Entwicklung allerdings rückläufig.

Menschenrechtlich gesehen, sind die einzelnen Menschen die Inhaber der Menschenrechte, die Staaten dagegen die Träger menschenrechtlicher Pflichten. Die Staaten tragen, völkerrechtlich gesehen, die Hauptverantwortung für die Umsetzung der Menschenrechte. So steht auch in den Produktionsländern Südasiens der Staat menschenrechtlich in der Pflicht, die Menschen- und Arbeitsrechte zu achten, zu schützen und wirksam umzusetzen. Daher müssen staatlichen Stellen etwa die Versammlungs-, Vereinigungs- und Gewerkschaftsfreiheit achten. Und Regierung und Parlament müssen Arbeits-, Sozial- und Umweltgesetze verabschieden und effektive Maßnahmen ergreifen, die darauf abzielen, die Menschen- und Arbeitsrechte zu verwirklichen. Menschenrechtlich dürfen wir den Staat hier nicht aus der Pflicht nehmen, selbst wenn er schwach und korrupt ist. Kann die Regierung die Menschen- und Arbeitsrechte nicht schützen und umsetzen, muss sie darin unterstützt und dazu befähigt werden. Capacity building ist dann das Gebot der Stunde. Fehlt der politische Wille, dann muss die Regierung dazu gedrängt werden, ihren menschenrechtlichen Pflichten nachzukommen. Nationaler und internationaler Druck kann dazu beitragen.

Soweit zum Staat. Wie steht es um die Unternehmen? Die im Land ansässigen Unternehmen wiederum haben sich eigentlich an nationales Recht zu halten. Zugleich haben sie aber auch eine Eigenverantwortung. Ihre menschenrechtliche Sorgfaltspflicht ist dann besonders wichtig, wenn der Staat schwach ist und das Verhalten von Unternehmen nicht angemessen reguliert und überwacht. Die Unternehmen sollten daher eine entsprechende Unternehmensethik entwickeln und ihr Handeln kontinuierlich darauf prüfen, ob es menschenrechtsverträglich ist. Angesichts der menschenunwürdigen Arbeitsbedingungen in Textilbetrieben gerade in Südasien gibt es da viel zu tun.

Kurzum: Wenn wir nach Stellschrauben fragen, wie in den Produktionsländern die Menschen- und Arbeitsrechte besser umgesetzt werden können, ist dreierlei zu beachten:

1) Wie lässt sich das menschenrechtliche Empowerment und die Organisation der Betroffenen stärken?

2) Wie lassen sich die Bereitschaft und Fähigkeit der dortigen Regierung stärken, ihren menschenrechtlichen Pflichten nachzukommen, einschließlich einer angemessenen Regulierung der Unternehmen?

3) Wie können Unternehmen dazu gedrängt und angeleitet werden, menschenrechtliche Sorgfalt walten zu lassen?

Verantwortung auf internationaler Ebene

Diese nationalen Prozesse in den Produktionsländern lassen sich auch auf internationaler Ebene unterstützen. Beispielsweise führt die Clean Clothes Campaign weltweite Eilaktionen durch und unterstützt die Betroffenen auf vielfältige Weise. Internationale Kampagnen und Solidaritätsaktionen führten schließlich auch mit dazu, dass in Bangladesch Veränderungen angestoßen wurden und dass globale Modeunternehmen – trotz zähen Widerstandes – inzwischen bereit sind, in einen Entschädigungsfonds für Rana Plaza-Opfer einzuzahlen. Durch die grenzüberschreitende Vernetzung der Aktivitäten von Gewerkschaften und Menschenrechtsbewegungen kann erheblicher Druck auf Staaten, internationale Organisationen und Unternehmen ausgehen.

Wichtig sind zudem internationale Regeln. Hier stellt sich die Frage, was eigentlich Menschenrechtsabkommen und ILO-Konventionen für unser Thema bringen. Sie verpflichten bereits heute die jeweiligen Staaten völkerrechtlich dazu, die Menschen- und Arbeitsrechte in ihrem eigenen Land zu achten, zu schützen und umzusetzen. Dies schließt die Schutzpflicht des Staates ein, mittels Gesetzen, Kontrollen und Sanktionen dafür Sorge zu tragen, dass die Menschenrechte nicht durch Unternehmen verletzt werden. Gemäß der jüngeren völkerrechtlichen Dogmatik bezieht sich die Schutzpflicht auch auf transnationale, also grenzüberschreitende Unternehmensaktivitäten. Die Juristinnen und Juristen sprechen hier von extraterritorialen Staatenpflichten. Doch mit Menschenrechtsabkommen und ILO-Konvention gibt es zwei Probleme. Zum einen gibt es zwar Überwachungsorgane sowie Berichts- und Beschwerdeverfahren bei den Vereinten Nationen und der ILO, mittels derer geprüft werden, ob die Staaten ihren menschenrechtlichen Pflichten nachkommen. Doch sind die internationalen Sanktionsmöglichkeiten bei der Nicht-Umsetzung von Menschenrechtsabkommen und ILO-Sanktionen schwach, auch wenn es im Falle von Zwangs- und Kinderarbeit schon zu Wirtschaftssanktionen kam.

Zum anderen besteht eine große Lücke im internationalen Menschenrechtsschutz: Menschenrechtsabkommen regeln nur staatliches Handeln, nicht aber – oder nur mittelbar – unternehmerisches Handeln. Ein verbindliches internationales Menschenrechtsabkommen, das nicht nur Staatshandeln bindet, sondern auch transnationale Unternehmensaktivitäten, besteht – trotz vieler Anläufe – bisher noch nicht.

Auf Initiative von Ecuador und einiger weiterer Staaten wurde aber immerhin im Juni 2014 eine Arbeitsgruppe innerhalb des UN-Menschenrechtsrates eingesetzt, die ein verbindliches Menschenrechtsabkommen zur Regulierung transnationaler Unternehmensaktivitäten erarbeiten soll. Während westliche Regierungen der OECD-Staaten, einschließlich der deutschen, und transnationale Unternehmen einem solchen Abkommen mehrheitlich stark ablehnend gegenüber stehen, bemühen sich internationale Menschenrechtsnetzwerke, den Prozess voranzubringen und – im Rahmen der sogenannte „Treaty Initiative" – mitzugestalten.

Die Regierungen der OECD-Staaten, auch die deutsche, setzen hingegen voll auf die sogenannten „UN-Leitprinzipien für Wirtschaft und Menschenrechte", die auf Ebene der Vereinten Nationen in den vergangenen Jahren die Diskussion zum Thema Menschenrecht und Wirtschaft bestimmt haben. Neben den bereits bestehenden völkerrechtlichen Schutzpflichten der Staaten, die Menschen vor Menschenrechtsverletzungen durch Unternehmen zu schützen, knüpfen die UN-Leitprinzipien an die umfangreichen Debatten über eine freiwillige Unternehmensverantwortung (Stichwort: corporate responsibility) an und fordern von den Unternehmen verstärkt Maßnahmen ein, ihrer menschenrechtlichen Sorgfaltspflicht nachzukommen, etwa indem diese Menschenrechte in ihre Unternehmenspolitik aufnehmen, indem sie Menschenrechtsverträglichkeitsprüfungen durchführen und indem sie Beschwerdemöglichkeiten einrichten. Die Leitprinzipien können dabei auch an die sogenannten OECD-Leitsätze für transnationale Unternehmen anknüpfen sowie an die bisherigen Standards und Verhaltenskodizes, die branchenintern oder im Rahmen von Multi-Stakeholder-Initiativen erarbeitet wurden. Eine private, nichtstaatliche Regulierung der besonderen Art stellt der Bangladesh Accord dar, der auf die Arbeitssicherheit in Textilfabriken in Bangladesch abzielt und eine private, nicht-staatliche Regulierung der besonderen Art ist.

Und in Deutschland?

Und was können wir hier von Deutschland aus tun? Zunächst einmal ist es wichtig, dass hierzulande über die Arbeitsbedingungen in Produktionsländern aufgeklärt wird. Nur wenn entsprechende Informationen vorliegen, können wir uns mit den Betroffenen in den Ländern solidarisieren und unser Handeln verändern. Gewerkschaften und NGOs spielen dabei eine große Rolle. Sie betreiben Ausklärungs- und Bildungsarbeit, orientieren Verbraucher, nehmen mittels Kampagnen und Lobbyarbeit Einfluss auf Gesellschaft und Politik. Oder sie unterstützen sogar Klagen, wie etwa das European Center for Constitutional and Human Rights (ECCHR) und medico international im Falle einer Klage von Überlebenden und Hinterbliebenen der Brandkatastrophe in der Textilfabrik Ali Enterprises in Karachi (Pakistan).

Das Wissen von Produktionsbedingungen im Textilbereich und das Bewusstsein um die menschen- und arbeitsrechtlichen Probleme können weiterhin auch Motivation sein, unser Konsumverhalten zu verändern – hin zu mehr nachhaltigem Konsum. Unabhängige Textilsiegel helfen uns Verbrauchern dabei, ökologisch und sozial verträgliche Produkte zu finden. Die *Christliche Initiative Romero* beispielsweise hat einen schönen Wegweiser* durch den Label-Dschungel bei Textilien entwickelt. Auch staatliche Stellen, Kommunen und große Institutionen wie Kirchen können bei der Beschaffung auf Öko- und Sozialstandards achten.

So wichtig kritisches Verbraucherverhalten ist – die Macht des Einkaufswagens hat allerdings auch ihre Grenzen. So kann die Verantwortung nicht auf die Verbraucher allein abgewälzt werden, zumal die Transparenz der Produktions- und Lieferketten nicht bei allen Produkten gegeben ist. Wichtig ist daher, dass wir die hiesigen Bekleidungsunternehmen auch auf anderem Wege dazu bringen, in all ihren Geschäftsbeziehungen menschenrechtliche Sorgfalt walten zu lassen. Das kann mittels entsprechender Kampagnen auf gesellschaftlicher Ebene geschehen (Stichwort: naming and shaming). Die Discounter AG der Kampagne für Saubere Kleidung führte beispielsweise stellvertretend eine Kampagne gegen Aldi und Lidl und den Textildiscounter KiK.

---

*Christliche Initiative Romero: Wearfear. Ein Wegweiser durch den Label-Dschungel bei Textilien, Münster 2013.

Die Einflussnahme auf Unternehmen kann aber auch über staatliche Regulierung und Anreize erfolgen. Gegenwärtig wird beispielsweise der „Nationale Aktionsplan für Wirtschaft und Menschenrechte" erarbeitet, mittels dessen die UN-Leitprinzipien Wirtschaft und Menschenrechte in Deutschland umgesetzt werden sollen. Hier gibt es einen großen Streitpunkt, der sich vereinfacht folgendermaßen darstellt: Menschenrechtsorganisationen fordern, dass der Staat verbindliche Regeln aufstellt, wie Unternehmen ihren menschenrechtlichen Sorgfaltspflichten in ihren transnationalen Geschäftsbeziehungen und Lieferketten nachzukommen haben. Das könnten beispielsweise rechtliche Vorschriften für Unternehmen sein, ihre Lieferketten offenzulegen. Regierungen und Unternehmen setzen hingegen vor allem auf Freiwilligkeit und Anreize. Die Unternehmen fordern von der Bundesregierung beispielsweise, sie dabei zu unterstützen und zu fördern, damit sie ihrer menschenrechtlichen Verantwortung nachkommen (können). Sie wollen aber nicht rechtlich in die Haftung genommen werden, wenn in den Zulieferbetrieben Menschen- und Arbeitsrechte verletzt werden.

Freiwillig ist auch der Beitritt zum „Bündnis für nachhaltige Textilien", das der deutsche Entwicklungsminister Gerd Müller 2014 initiierte. Das Ziel dieser Multistaker-Holder-Initiative ist es, die sozialen, ökonomischen und ökologischen Bedingungen entlang der gesamten Lieferkette des Textil- und Bekleidungssektors zu verbessern. Die Mitglieder verpflichten sich auf einen verbindlichen Prozess von Maßnahmen zur Erreichen entsprechender Bündnisstandards. Allerdings wurde der ursprüngliche Entwurf des Aktionsplans inzwischen abgeschwächt und der Prozess steht noch am Anfang. Ob es eine wirkkräftige Initiative oder ein Rohrkrepierer wird, ist noch abzuwarten. Und einen letzten Aspekt sollten wir nicht vergessen: Es geht auch um die Verbesserungen der Lohn- und Arbeitsbedingungen in der Bekleidungsbranche hierzulande. Auch da liegt einiges im Argen.

Kurzum: Auch in Deutschland gibt es eine Reihe von Möglichkeiten, wie wir unserer menschenrechtlichen Verantwortung gerecht werden können: Verbraucher*innen, Arbeitnehmer*innen, Gewerkschaften und NGOs, die Regierung und Gesetzgeber sowie die Unternehmen können darauf hinwirken, dass hier und von hier aus, sich die Arbeits- und Produktionsbedingungen in der Textil- und Bekleidungsindustrie ändern.

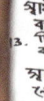

Überlebende des Unglücks von Rana Plaza
in einem großen Krankenhaus in Dhaka.

Die Opfer des „Industrial 9/11"

Fotografiert von Gordon Welters

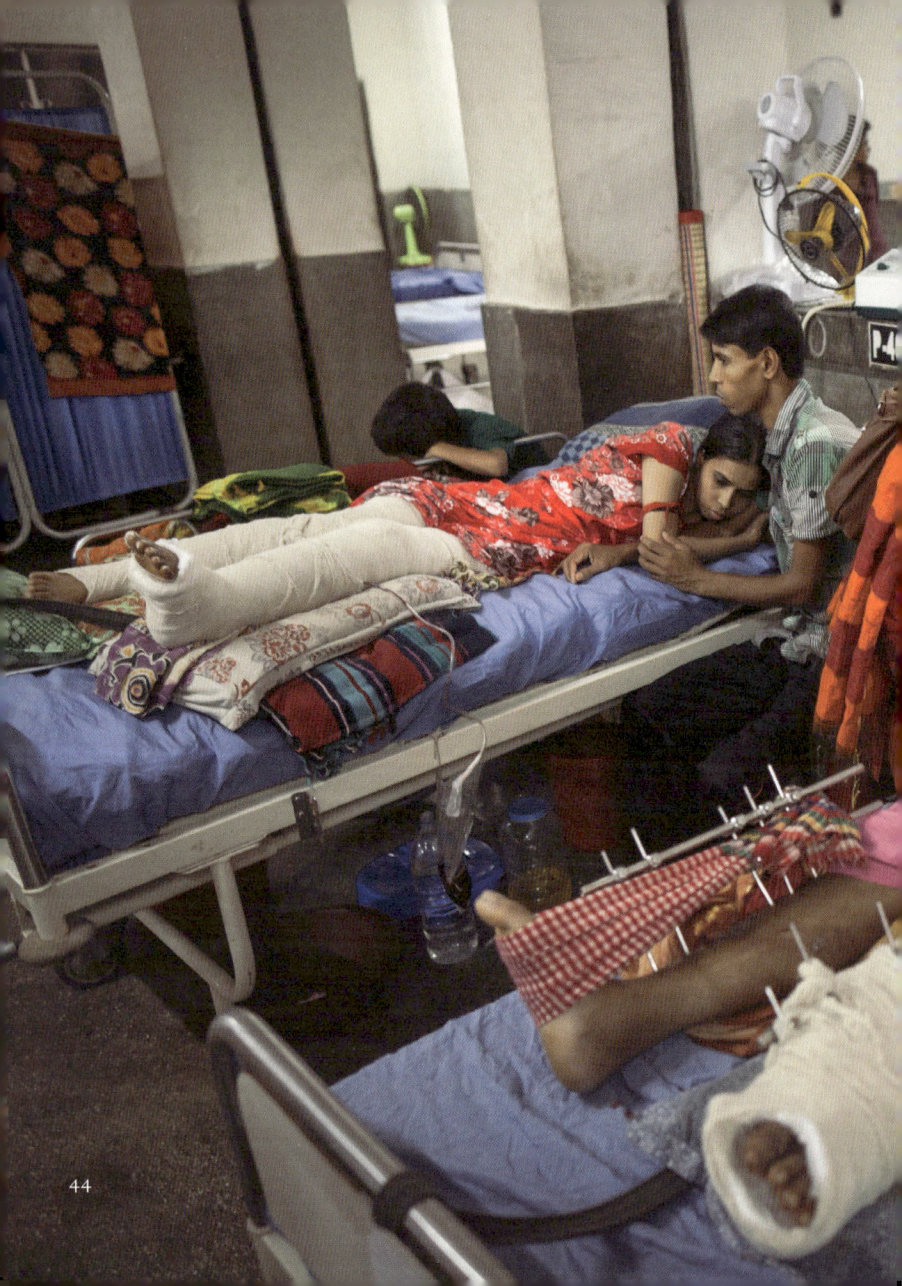

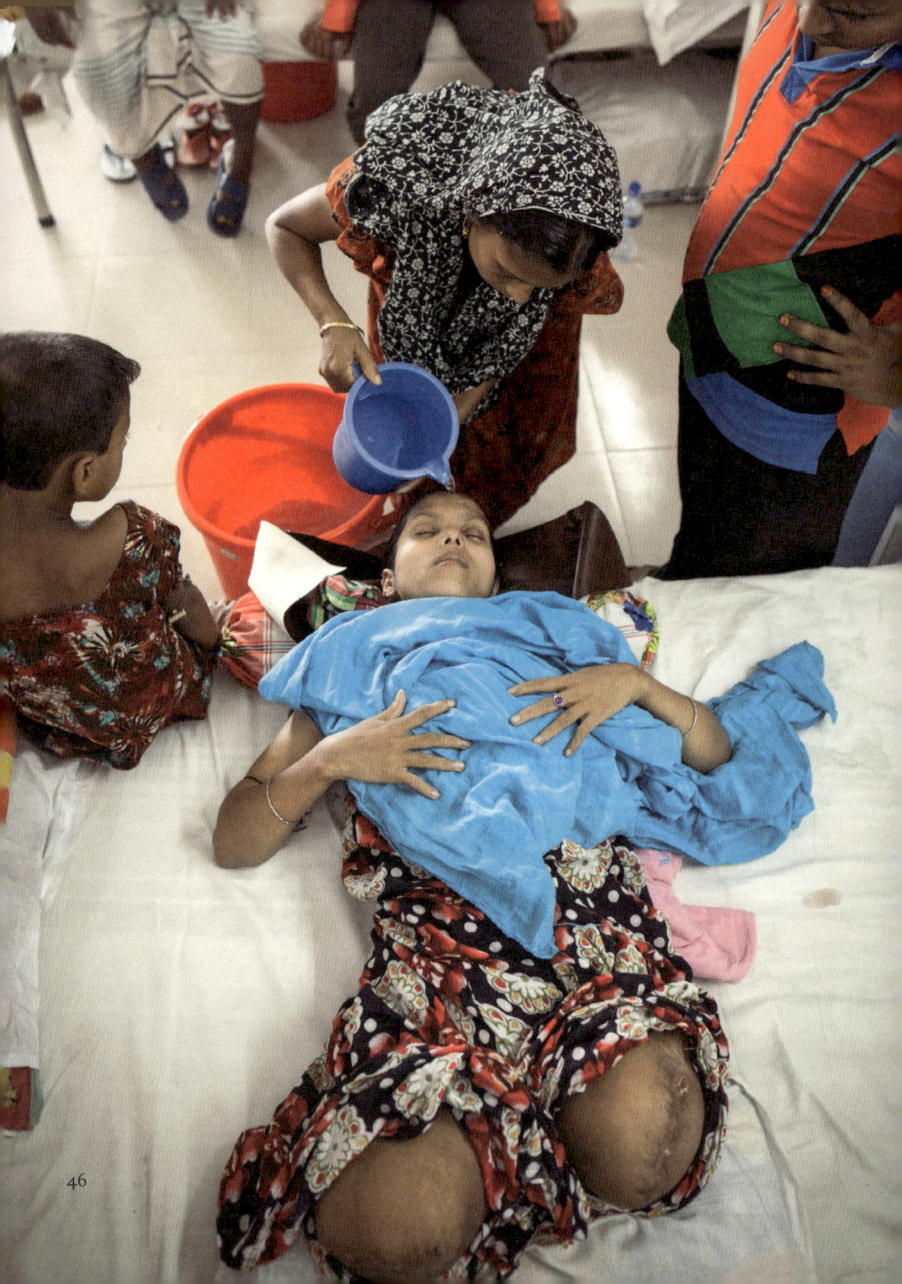

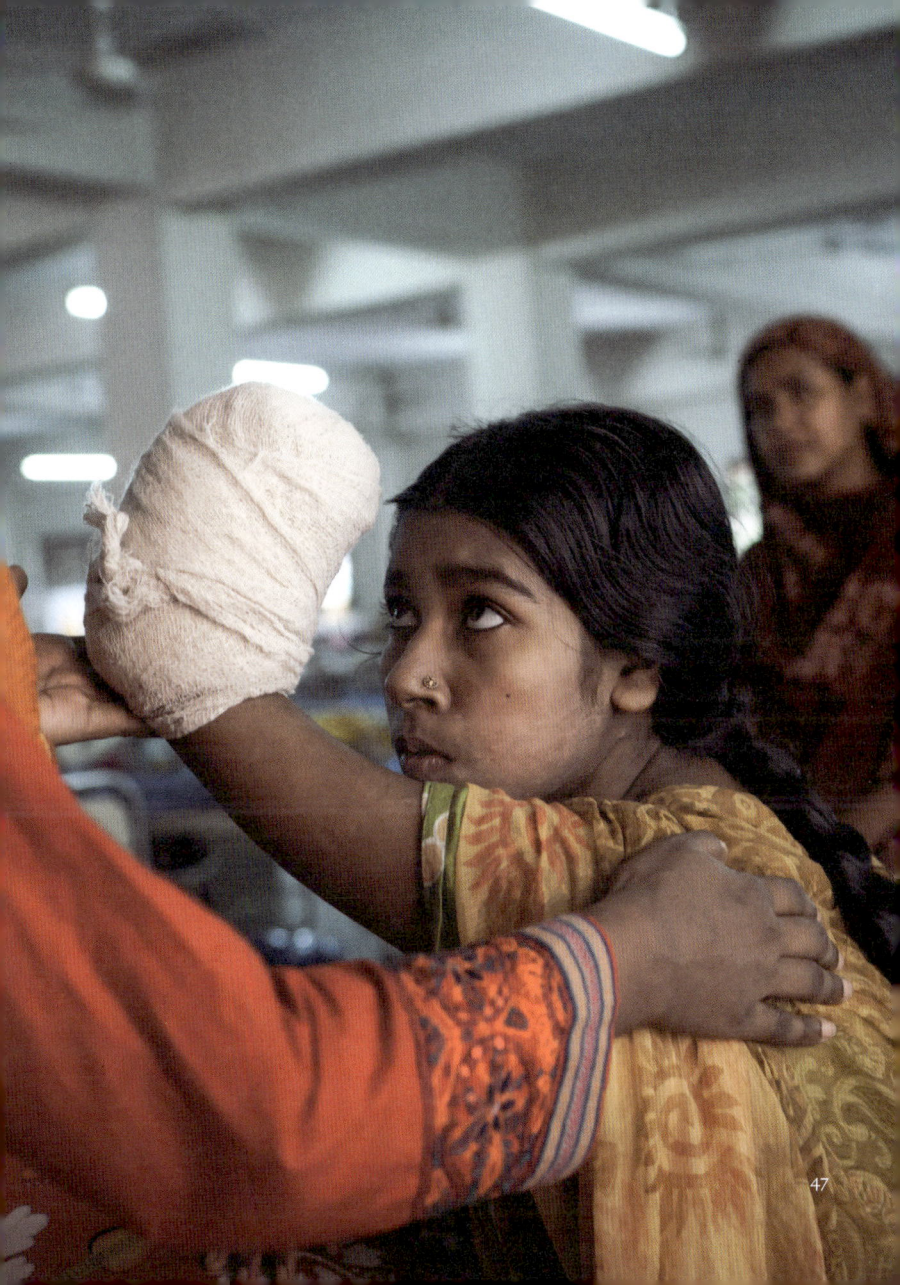

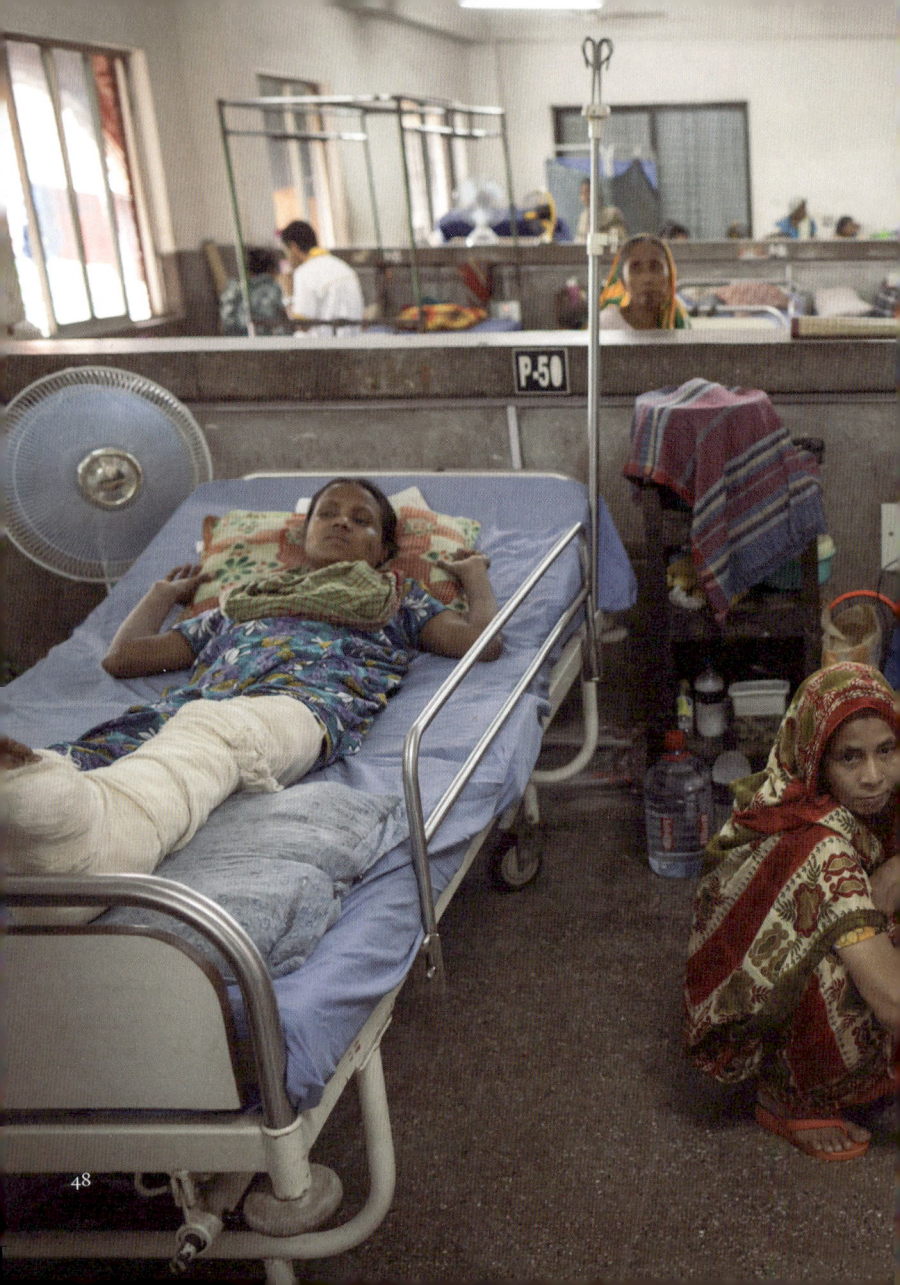

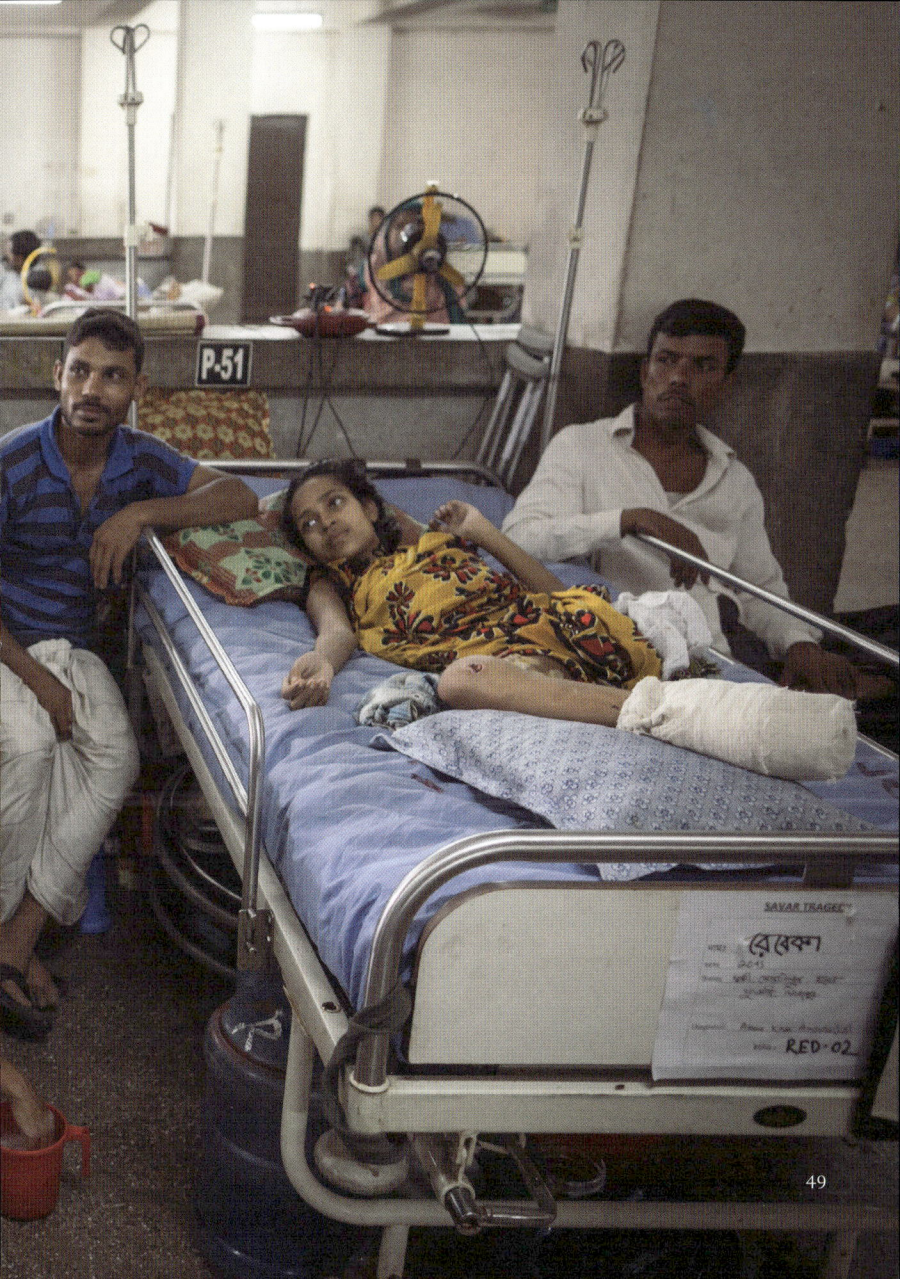

Solange es keine gesetzlichen Vorgaben gibt, die ökologische und soziale Standards verbindlich vorschreiben, solange wird es auch unsere Mit-Verantwortung sein, dafür zu sorgen, dass nicht Umweltschäden und die Verletzung von Menschenrechten in unseren Kleidern stecken.

FRANK BRAUN

Frank Braun

Gerecht(er) einkaufen?
Ökosiegel als Einkaufshilfe

Kleidung erfahren wir hautnah, Kleidung brauchen wir alle täglich und dabei ist es uns wahrscheinlich oft nicht bewusst, was wir da auf unsere Haut lassen! Auf der Webseite eines Anbieters von Ökomode kann man dazu lesen: „Wir halten die weltweit agierende Textilindustrie für einen besonders umweltschädlichen und ausbeuterischen Bereich der Globalisierung. Das Problem ist, dass wir auf die Produkte der Textilindustrie nicht so einfach verzichten können. Selber stricken oder nackt herum zu laufen ist für die meisten keine wirkliche Alternative" Das bringt die Ambivalenz dieser auf Glamour und Image ausgelegten Branche gut auf den Punkt. Das Unglück von Rana Plaza 2013, bei dem 1134 Arbeiterinnen in einer Produktionsstätte für Textilien in Bangladesch ums Leben gekommen sind, hat die Missstände in dieser Industrie der Weltöffentlichkeit vor Augen geführt. In Kanpur, einer der Lederhochburgen Indiens, entsorgen Fabriken ihre Abwässer direkt in den Fluss mit schlimmen Folgen für die dort ansässige Bevölkerung. Systematisch werden weltweit in dieser Industrie soziale Rechte und der Umweltschutz mit den Füßen getreten.

10 000 Liter Wasser für 1 T-Shirt

Es stimmt: Kaum eine Branche betreibt so viel skrupellosen Raubbau an Mensch und Natur wie die Textilindustrie. Kleidung ist für uns aber – ebenso wie Nahrung – unverzichtbar. Wir definieren uns sogar ein Stück weit darüber, wie wir uns anziehen. Dabei scheint es bislang nicht sehr zu stören, dass wir so was wie kleine Chemielabore auf der Haut tragen. Und dass viele dieser Kleidungsstücke auf dem Weg zu uns einmal um den Planeten geschifft werden und dabei Mensch und Natur massiv schädigen. Nirgendwo werden mehr Pestizide eingesetzt als auf Baumwollfeldern.

Auch der Wasserverbrauch ist enorm. Um ein T-Shirt herzustellen, werden bis zu 10 000 Liter Wasser benötigt. Mit zum Teil katastrophalen Folgen für die Umwelt, da Flüsse und Seen versiegen. Wahrscheinlich fehlt es vielen von uns einfach an detaillierter Information. Zur besseren Orientierung beim verantwortungsvollen Kleidungskauf gibt es mittlerweile einige Initiativen. Manche setzen sich mit den ökologischen Folgen der Produktion auseinander, andere mit den Sozialstandards bei der Herstellung.

12 Kilogramm Bekleidung kauft inzwischen durchschnittlich jede/r Deutsche im Jahr. Der Ökologische Fußabdruck für Kleidung und Schuhe wird in Deutschland mit etwa 300 gm² (0,03 global Hektar) angegeben, kann aber auch 1000 gm² (0,1 global Hektar) betragen. Zum Vergleich, im Durchschnitt verbraucht in Bangladesch jede/r Einwohner/in 0,6 global Hektar insgesamt. Immer schneller dreht sich das Veränderungskarussell aus Form und Farbe um uns zum Kaufen zu animieren. Ernüchtert lässt sich festhalten: Ökologische Folgeschäden oder die Einhaltung von Sozialstandards in der Produktionskette spielen derzeit weder bei der Käuferin oder

beim Käufer noch bei den Marken eine übergeordnete Bedeutung. Dabei ist die Modeindustrie nach Zahl der Beschäftigten und noch immer einer der wichtigsten Wirtschaftszweige des produzierenden Gewerbes. Gemäß dem BMWI wird in Deutschland in rund 1300 nahezu ausschließlich mittelständischen Betrieben der deutschen Textil- und Bekleidungsindustrie ein Umsatz von rund 28 Mrd. Euro generiert. Die Textil- und Bekleidungsindustrie ist damit nach dem Ernährungsgewerbe die zweitgrößte Konsumgüterbranche in Deutschland.

Aber es gibt auch Positives zu berichten. In den letzten zehn Jahren hat sich im Bereich der nachhaltigen Kleidungsproduktion vieles getan. Eine junge Avantgarde neuer Modelabels zeigt, es geht auch anders. Mode mit Gewissen und unter Einhaltung ökologischer Standards ist machbar und bezahlbar. Auch die Großen der Branche von A wie Adidas bis Z wie Zara müssen sich zunehmend kritischen Fragen ihrer Kundinnen und Kunden stellen und haben eigene Verhaltenskodizes und Kontrollsysteme entwickelt, die die Einhaltung von Arbeitsrechten und ökologischen Standards überwachen sollen. Noch sind diese Maßnahmen oftmals nur ein Feigenblatt, noch herrscht kaum Transparenz in den globalen Lieferketten, die es Kunden möglich machen würde, den Weg ihrer Kleidung nachzuverfolgen, aber erste Schritte sind getan. Für uns Kundinnen und Kunden sind einzig die Siegel ein verlässlicher Ratgeber, wenn wir neben Preis, Qualität und Geschmack auch Sozialstandards und ökologische Standards beim Kauf mit berücksichtigen wollen.

Nur die Siegel geben uns Transparenz
beim Einkauf unserer Kleidung

Nachfolgend finden Sie einen Überblick über die wichtigsten Labels, die Ihnen beim Einkauf Orientierung geben können. Ein herzliches Dankeschön an die „Christliche Initiative Romero" (CIR), die in ihrem Labelguide die wichtigsten Siegel in der Bekleidungsindustrie zusammengefasst hat. Der komplette Labelguide kann für 1 Euro bei CIR bestellt werden. Auf deren Webseite lassen sich noch weitere Siegel und zu jedem Siegel noch Einschätzungen seitens CIR über die Wirksamkeit der einzelnen Siegel finden, siehe http://www.ci-romero.de/gruenemode-guetesiegel/

Gerade bei Baumwolle gibt es mittlerweile
eine große Auswahl öko-fairer Alternativen

FAIR + BIO = nachhaltige Baumwolle der besten Art. Letztlich sichert aber erst die Verbindung aus fair plus bio, dass bei der Textilherstellung sowohl die Menschen als auch die Umwelt profitieren. Es bleibt zu hoffen, dass, wie in der Lebensmittelbranche, auch hier ein Zusammenwachsen ähnlich schnell stattfindet.

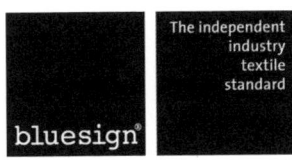

Bluesign
Industriestandard

WERTSCHÖPFUNGSKETTE
Herstellung (Anbau, Rohstoffabbau),
Verarbeitung (Stoffproduktion und
Nähen), Handel (Endprodukt-Kontrolle)

Bluesign® ist ein Umweltzertifikat der
Schweizer Zertifizierungsfirma bluesign
technologies ag, das vor allem bei der
Herstellung von Textilien aus synthe-
tischen Fasern Verwendung findet.
Bluesign® verfügt über ein interdiszipli-
näres Beratungsgremium, mit Vertreter-
Innen aus Wissenschaft, Politik, Industrie, Handel sowie von Konsumenten-
und Umweltschutzorganisationen.

SOZIALE KRITERIEN
Kein Fokus, außer Arbeitssicherheit
(Schulungen zum sicheren Umgang
mit gefährlichen Substanzen)

ÖKOLOGISCHE KRITERIEN
Eingeschränkte Verwendung von
Chemikalien. Es existiert eine schwarze
Liste von verbotenen Chemikalien sowie
eine graue Liste für Chemikalien, die,
solange es keine Alternative gibt, erlaubt
sind. Möglichst ressourcenschonende
Produktion (möglichst geringer Einsatz
von Energie, Wasser, Chemikalien, etc.
und Abwasseraufbereitung). Die Unternehmen liefern Informationen zu Umwelt, Gesundheit und Sicherheit von
allen eigenen Produktionsstätten und
jenen der Zulieferer an blue-sign®. Die
Evaluierung der Informationen, inklusive
Vor-Ort-Inspektionen, erfolgt durch
bluesign®.

Cotton made in Africa (CmiA)
Zertifizierte Baumwollproduktion, Label

WERTSCHÖPFUNGSKETTE
Herstellung (Anbau, Rohstoffabbau)
Die Cotton made in Africa-Initiative
wurde 2005 unter der Trägerorganisation
Aid by Trade Foundation von Michael
Otto (Otto Group) gegründet. Partner
sind die Deutsche Investitions- und
Entwicklungsgesellschaft (DEG) und die
Gesellschaft für Internationale Zusam-
menarbeit (GIZ), sowie Organisationen
WWF und Welthungerhilfe. Mitglieder
sind u. a. Otto Group, Puma, Rewe
Group, s.Oliver und Tchibo.

SOZIALE KRITERIEN
Keine ILO-Kernarbeitsnormen (nur
Bezugnahme u. a. bei Kinderarbeit und
gesundheitsschädigender Arbeit). Keine
Zahlung von Mindest-Abnahmepreisen
oder Forderung von existenzsichernden
Löhnen. Produzenten zahlen Lizenz-
gebühr an die Stiftung.

ÖKOLOGISCHE KRITERIEN
Kein Biolandbau, Verwendung von
Pestiziden erlaubt. Kein genmanipuliertes
Baumwoll-Saatgut. Externe Verifizierung
der Baumwollgesellschaften und Klein-
bäuerInnen alle zwei Jahre durch unabhängige Verifizierungsunternehmen
(zur Zeit EcoCert und AfriCert) Internes
Wirkungsmonitoring unter Einbezug der
lokalen Akteure.

Der Blaue Engel
Label

WERTSCHÖPFUNGSKETTE
Herstellung (Anbau, Rohstoffabbau),
Verarbeitung (Stoffproduktion und
Nähen), Handel (Endprodukt-Kontrolle)

Der Blaue Engel wurde 1978 ins Leben
gerufen und ist damit die erste und älteste
umweltbezogene Kennzeichnung der
Welt für Produkte und Dienstleistungen.
In die Bewertung fließen sowohl Um-
weltschutz- als auch Verbraucherschutz-
aspekte ein.

SOZIALE KRITERIEN
ILO-Kernarbeitsnormen. Kein existenz-
sichernder Lohn. Keine unabhängigen
Kontrollen, sondern Selbstverpflichtung
der Hersteller.

ÖKOLOGISCHE KRITERIEN
85 % aller Fasern müssen den Labelkri-
terien entsprechen. Verwendung von
Chemiefasern erlaubt. 100 % Biobaumwolle (oder Baumwolle in der Umstellung
auf Bioanbau, aber keine Mischung).
Kein genmanipuliertes Saatgut. Farben,
Drucke und Ausrüstungen dürfen keine
toxischen Stoffe enthalten, d. h. u. a. kein
Formaldehyd oder Chlor.

TRANSPARENZ
Die Hersteller müssen die Herkunft ihrer
Rohstoffe nachweisen. Antragstellern
und Zulieferern wird die Dokumentation
für die Öffentlichkeit im Rahmen eines
Umwelt- oder Nachhaltigkeitsberichtes
nur empfohlen.

**Euroblume/
Europäisches Umweltzeichen**
Label

WERTSCHÖPFUNGSKETTE
Herstellung (Anbau, Rohstoffabbau),
Verarbeitung (Stoffproduktion und
Nähen), Handel (Endprodukt-Kontrolle).

Das Europäische Umweltzeichen wurde
1992 von der Europäischen Kommission
eingeführt und kennzeichnet neben
anderen Produktgruppen auch Textilien.
Ein MSI-Ausschuss (das European Union
Ecolabelling Board) definiert gemeinsam
mit der Kommission die Kriterien.

SOZIALE KRITERIEN
Keine sozialen Kriterien.

ÖKOLOGISCHE KRITERIEN
Produkte aus Baumwolle müssen mind.
3 % Biobaumwolle enthalten. Genmanipuliertes Saatgut erlaubt. Kontrolle erfolgt durch die zuständigen Behörden in
den einzelnen Mitgliedsstaaten (Umwelt-
bundesamt und RAL in Deutschland).
Verbot bestimmter Chemikalien (schwer-
metallhaltige Farbstoffe, chlorhaltige
Stoffe, bestimmte Flammschutzmittel).
Zusatzstoffe in der Textilproduktion
müssen zum Großteil biologisch abbau-
bar sein. Grenzwerte für Pestizidrück-
stände bzw. für chemische Substanzen im
Endprodukt.

TRANSPARENZ
Keine Angaben

FAIR LABOR
A S S O C I A T I O N™

Fair Labor Association (FLA)
Sozialstandardinitiative
(Multi-Stakeholder-Initiative, MSI)

WERTSCHÖPFUNGSKETTE
Verarbeitung (Stoffproduktion und
Nähen)

Die FLA wurde 1999 in Zusammenarbeit
mit Apparel Industry Partnership (AIP)
gegründet. Mitglieder der MSI sind
Unternehmen, NROs und Universitäten,
jedoch keine Gewerkschaften.

SOZIALE KRITERIEN
ILO-Kernarbeitsnormen. Keine ausrei-
chende Forderung von existenzsichernden Löhnen. Schulungen für Arbeiter-
Innen und UnternehmerInnen zu Verantwortung, Arbeitsrechte und Nach-
haltigkeit in Zusammenarbeit mit lokalen
NROs. Die Verifizierung ist zunächst für
zwei bis drei Jahre gültig und erfolgt in

interner Zusammenarbeit mit lokalen
NROs. Jährliche interne Prüfungen durch
FLA. Unabhängige akkreditierte Unternehmen prüfen nur in unregelmäßigen
Abständen und nur in wenigen Unternehmen die Einhaltung des Verhaltens-
kodexes. Verifizierungs- und Sanierungs-
kosten werden von den Unternehmen
getragen.

ÖKOLOGISCHE KRITERIEN
Keine ökologischen Kriterien.

TRANSPARENZ
Gutachten über die Zulieferbetriebe
werden auf der Website der MSI veröffentlicht, sind aber zum Teil nicht
aktualisiert.

Fair Wear Foundation (FWF)
Sozialstandardinitiative
(Multi-Stakeholder-Initiative, MSI)

WERTSCHÖPFUNGSKETTE
Verarbeitung (Konfektionierung)

Die „Fair Wear Foundation" gründete
sich 1999 in den Niederlanden. Mitglieder
dieser MSI sind Unternehmen (u. a. Jack
Wolfskin, Switcher, Vaude, HempAge
und Hess Natur) und Wirtschafts-
verbände (50 % der Stimmrechte),
NROs (25 %; u. a. Kampagne für Saubere
Kleidung) und Gewerkschaften (25 %).
DesignerInnen und kleine Mode- und
Bekleidungslabels können unter dem
Zusammenschluss Clean & Unique
kollektiv Mitglied bei der FWF werden
(u. a. Zündstoff, Monkee Clothing).

SOZIALE KRITERIEN
ILO-Kernarbeitsnormen. Forderung von
existenzsichernden Löhnen für die Arbei-
terInnen und die abhängigen Familien-
angehörigen. Schulungen (Training) für
Management und ArbeiterInnen. Lokale
Beschwerdestellen für ArbeiterInnen.
Einmal jährlich überprüft ein internes
Gremium der Mitgliedsunternehmen die
Einhaltung der Arbeitsstandards (inter-

nes Monitoring). Alle drei Jahre führt
die FWF eine externe und unabhängige
Kontrolle (Verifizierung) der Umsetzung
der Arbeitsbedingungen durch. FWF
bildet lokale Audit-Teams aus und inte-
griert lokale Akteure beim Audit sowie
bei den Korrekturmaßnahmen.
Managementsysteme der jeweiligen
Mitgliedsunternehmen werden jährlich
überprüft, um die Umsetzbarkeit des
FWF-Verhaltenskodexes in den Zulie-
fererbetrieben einschätzen zu können.
Die Mitgliedsunternehmen sind für das
Monitoring zuständig, die FWF für die
Verifizierung, die durch Teams der FWF
durchgeführt wird. Die Kosten für die
Verifizierung werden aus der Summe
der Mitgliedsbeiträge bezahlt.

ÖKOLOGISCHE KRITERIEN
Keine

TRANSPARENZ
Mitglieder müssen Arbeitspläne vorlegen
und Jahresberichte veröffentlichen und
der FWF eine Liste der Zulieferer zu-
kommen lassen. Die FWF gibt jährliche
Verifizierungsberichte und Infoblätter
heraus. Veröffentlicht werden folgende
Angaben: Name und Marke des Unternehmens, Anzahl und Herkunft der Zulieferer des Unternehmens und Anzahl
der durch die FWF extern überprüften
Zulieferer.

Fairtrade Certified Cotton
Label

WERTSCHÖPFUNGSKETTE
Herstellung (Anbau, Rohstoffabbau)

Die „Fairtrade Labelling Organizations International" (FLO), die Dachorganisation der Fairtrade Organisationen, wird von zahlreichen NROs getragen und von öffentlichen Institutionen unterstützt. Die Standards werden von der Zertifizierungsorganisation Fairtrade Labelling Organisation (FLO-CERT) definiert und kontrolliert. Für Baumwolle besteht das Fairtrade Siegel seit 2005.

SOZIALE KRITERIEN
IAO-Kernarbeitsnormen und zusätzliche Fairtrade-Standards (Mitgliedschaft bei WFTO, World Fairtrade Organisation), ETI, FWF, FLA, WRC oder SA8000 Zertifizierung. Garantiert faire Baumwollpreise, die über den Weltmarktpreisen liegen. Sozialprämie für Gemeinschaftsprojekte, die soziale, wirtschaftliche oder ökologische Entwicklung fördern. Schulungen zur Arbeitsplatzsicherheit.

ÖKOLOGISCHE KRITERIEN
Biologischer Baumwollanbau ist nicht verpflichtend. Endprodukt muss aus mindestens 50 % Fairtrade-Baumwolle bestehen, keine Mischung mit konventioneller Baumwolle. Verbot von genmanipuliertem Saatgut. Prüfung der Kriterien durch lokale Audit-Teams, die von FLO-CERT dafür akkreditiert wurden. Reduktion von Agrochemikalien (Liste von verbotenen Substanzen, gemäß WHO Empfehlung)

TRANSPARENZ
Die Jahresberichte von TransFair und FLO sind jeweils öffentlich zugänglich, in diesen werden jedoch ausschließlich Erfolgsbilanzen in den Bereichen Finanzen und teilnehmende ProduzentInnen beschrieben.

Global Organic Textile Standard (GOTS)
Label

WERTSCHÖPFUNGSKETTE
Herstellung (Anbau, Rohstoffabbau), Verarbeitung (Stoffproduktion und Nähen), Handel (Endprodukt-Kontrolle).

Das Textilsiegel Global Organic Textile Standard (GOTS) wurde vom Internationalen Verband der Naturtextilwirtschaft (IVN/Deutschland) zusammen mit der Soil Association (England), der Organic Trade Association (USA) und der Japan Organic Cotton Association (Japan) entwickelt. 2008 einigten sich die teilnehmenden Parteien auf ein gemeinsames Logo sowie ein einheitliches Lizenzierungsverfahren.

SOZIALE KRITERIEN
ILO-Kernarbeitsnormen. Unklare Formulierung zur Forderung von existenzsichernden Löhnen für ArbeiterInnen und abhängige Familienangehörige.

ÖKOLOGISCHE KRITERIEN
GOTS-zertifizierte Produkte müssen mindestens 90 % aus Naturfasern bestehen. Mindestens 70 % müssen aus kontrolliert biologischer Landwirtschaft (kbA/kbT) stammen für das GOTS-Siegel „aus X Prozent bio" oder „aus X Prozent in Umstellung". Für die zweite Siegelvariant „organisch" (bio) oder „organisch – in Umstellung" müssen mindestens 95 % kbA/kbT bzw. in Umstellung sein. Kein genmanipuliertes Saatgut erlaubt. Liste mit zugelassenen Farben und Hilfsmitteln, deren toxikologischen und ökologischen Wirkungen geprüft sind und die als unbedenklich eingeschätzt werden. Gebleicht wird in Ausnahmefällen mit Sauerstoff (chlorfrei). Die Veredelung von Baumwollgarnen mit Natronlauge zur Erhöhung des Glanzes ist erlaubt. Konzept zum betrieblichen Umweltmanagement ist verpflichtend.

TRANSPARENZ
Ergebnisse der Fabrikaudits sowie Namen der Zulieferer werden nicht veröffentlicht.

**Internationaler Verband der
Naturtextilwirtschaft (IVN Best)**
Label

WERTSCHÖPFUNGSKETTE
Herstellung (Anbau, Rohstoffanbau),
Verarbeitung (Stoffproduktion und
Nähen), Handel (Endprodukt-Kontrolle).
IVN steht für den 1989 gegründeten
Internationalen Verband der Naturtextil-
wirtschaft e.V. Der Verband zählt über
70 Mitgliedsunternehmen aus Textil-
produktion und -handel – darunter
Alnatura, Engel Naturtextilien und Hess
Natur. Das Naturtextil Siegel gibt es in
zwei Stufen: IVN Zertifiziert (orange)
und IVN Best (blau). Das IVN Best Siegel
beinhaltet strengere Sozialstandards. Der
IVN war auch Mitbegründer des GOTS
und gibt neben IVN Best auch das GOTS-
Siegel heraus.

SOZIALE KRITERIEN
(Die Richtlinien werden z. Zt. über-
arbeitet) IAO-Kernarbeitsnormen.
Unklare Formulierung zur Forderung
von existenzsichernden Löhnen für
ArbeiterInnen und abhängige Familienangehörige.

ÖKOLOGISCHE KRITERIEN
(Die Richtlinien werden z. Zt. über-
arbeitet) 100 % Naturfasern aus kontrolliert biologischer Landwirtschaft (kbA
oder kbT) Synthetische Fasern sind nur
in Ausnahmefällen erlaubt. Verbot von
genmanipuliertem Saatgut. Keine gesundheitlich oder aus Umweltgesichts-
punkten bedenklichen Substanzen
erlaubt. Bleichen nur mit Sauerstoff.
Die Produkte müssen so gelagert und
transportiert werden, dass eine Verun-
reinigung durch konventionelle Produkte
und unzulässige Substanzen oder ein
Vertauschen verhindert wird. Die Ver-
packung darf kein PVC enthalten.

TRANSPARENZ
Sämtliche Transportmittel und -wege
werden dokumentiert. Der IVN legt alle
Herstellungsrichtlinien offen. Zusätzlich
besteht die Möglichkeit, sich über den
genauen Herstellungsweg jedes einzelnen
Kleidungsstückes, das mit dem Qualitäts-
zeichen NATURTEXTIL ausgezeichnet
ist, detailliert zu informieren.

Naturland
Label

WERTSCHÖPFUNGSKETTE
Herstellung (Anbau, Rohstoffabbau),
Verarbeitung (Stoffproduktion und
Nähen), Handel (Endprodukt-Kontrolle).

Naturland wurde 1982 vom Verband für
ökologischen Landbau ins Leben gerufen
und kennzeichnet neben biologischen
Lebensmitteln seit 2005 Produkte aus
Biobaumwolle.

SOZIALE KRITERIEN
ILO-Kernarbeitsnormen. Keine Forderung von existenzsichernden Löhnen.
Mit dem Siegel Naturland Fair müssen
mindestens 50 % des Rohstoffes fair
produziert werden (Fairtrade Certified
Cotton).

ÖKOLOGISCHE KRITERIEN
Mindestens 95 % des Endprodukts muss
aus Biofasern bestehen. Verbot von gen-
manipuliertem Saatgut. Einhaltung der
Standards wird bei teils unangemeldeten
Betriebsbesuchen durch externe
Zertifizierungsstellen wie z.B. IMO
(Institut für Marktökologie) überprüft.
Regelmäßige Rückstandsanalysen von
Stichproben. Verbot des Einsatzes aller
Chemikalien, die als krebserregend oder
erbgutschädigend gelten. Verbot von
Schwermetallen und Chlorbleichmittel
in der Verarbeitung. Verarbeitende Be-
triebe müssen über einen Umweltmana-
gement-Plan verfügen (Maßnahmen zur
Reduktion von Abfall und Verschmut-
zung) sowie über funktionsfähige Ab-
wasserkläranlagen.

TRANSPARENZ
Die gesamte Warenkette, von Produktion
der Naturfaser bis zum Endprodukt,
muss dokumentiert werden.

Oeko-Tex Standard 100
Label

WERTSCHÖPFUNGSKETTE
Handel (Endprodukt-Kontrolle)

Der Oeko-Tex Standard wird von
der Internationalen Gemeinschaft für
Forschung und Prüfung auf dem Gebiet
der Textilökologie (Oeko-Tex), einem
Zusammenschluss von 14 Textil- und
Prüfinstituten in Europa und Japan,
herausgegeben und entwickelt. Ge-
kennzeichnet werden schadstoff-
geprüfte Textilien.

SOZIALE KRITERIEN
Keine sozialen Kriterien

ÖKOLOGISCHE KRITERIEN
Nur Endprodukt wird kontrolliert.
Erfüllung der Kriterien wird von unabhängigen Instituten stichprobenartig
geprüft, Verstöße werden sanktioniert.
Ausschluss krebserrengender und
allergisierender Farbstoffe, jedoch nur
Grenzwerte für gesundheitlich bedenk-
liche Stoffe (kein Ausschluss).

TRANSPARENZ
Vergabekriterien und -verfahren sind
öffentlich zugänglich.

Näherinnen in Indien arbeiten
mit Fairtrade-Baumwolle.
Fotograf: Anand Parmar

FAIRTRADE TEXTILE PRODUCTION™

Der Fairtrade Textilstandard wurde im Sommer 2016 von Fairtrade Deutschland vorgestellt und ist der erste seiner Art, der die gesamte Textillieferkette umfassen soll. Basis für den Textilstandard war der bestehende Fairtrade-Standard für lohnabhängig Beschäftigte, der die Arbeitsbedingungen, Lohnsituation und Rechte der Arbeiterinnen und Arbeiter in den Fokus stellt. Erste Unternehmen beginnen nun den mehrjährigen Zertifizierungsprozess, um die gesamte Lieferkette transparent nach Fairtrade-Kriterien zu zertifizieren. Damit hätte der Kunde erstmalig ein Kleidungsstück, dass von der Baumwollpflanze bis zur Konfektionierung lückenlos zertifiziert wäre.

Kampagne für Saubere Kleidung in Nürnberg

Die entwicklungspolitische Organisation „Christliche Initiative Romero" (CIR) hat seit zwei Jahren eine Außenstelle im eck-stein, dem Haus der Evangelischen Kirche in Nürnberg. Die CIR gehört zu den Gründungsmitgliedern der Kampagne für Saubere Kleidung (CCC) in Deutschland und vertritt die CCC-Deutschland auf europäischer CCC-Ebene.

Mehr Information finden Sie unter: www.ci-romero.de

Noch finden sich leider nur wenige Spezialisten für öko+faire Mode in der Region Franken. Der Regionallotse von Bluepingu (www.regionallotse.de) gibt Ihnen auch für Ökomode einen Überblick über das Angebot in der Region Franken und ausgewählte online Shops die ausschließlich auf öko-faire Mode spezialisiert sind. Darüberhinaus gibt es im Internet eine Übersicht „Grüne Mode": Was halten die verschiedenen Modelabels?

Eine Analyse von 30 Kleidungsmarken, die von sich behaupten, umweltverträglich und oft auch „sozial sauber" zu sein, findet sich unter www.gruenemode.org.

In jedem Fall gilt: Je länger ein Kleidungsstück getragen wird, desto besser ist dessen Umweltbilanz!

Leider ist die Siegellandschaft noch sehr komplex und eine Vereinheitlichung wäre sicherlich wünschenswert. Fakt ist aber, in fast allen Bereichen gibt es mittlerweile öko-faire Alternativen, auch wenn diese oft noch schwer zu finden sind. Auch mit einem kleinen Geldbeutel können wir es uns leisten, sozial und ökologisch einzukaufen, wenn wir das Prinzip „weniger ist mehr" beherzigen. Brauchen wir wirklich zwanzig T-Shirts, zehn Paar Schuhe? Oder ist es nicht sinnvoller hier etwas abzuspecken, dann aber öko-faire Alternativen zu kaufen. Eine gute Alternative ist sicherlich im privaten Bereich auch Second-Hand. Second-Hand-Läden sind längst dem Image der verstaubten muffigen Buden enteilt, sie sind oftmals jung, modern und gut sortiert. Immer größerer Beliebtheit erfreuen sich auch Kleidertauschparties und ähnliche Formate. Und dann ist da noch die Renaissance des Schneider-Handwerks. Mehr und mehr Menschen wollen wieder lernen ihre Kleidung selbst zu nähen oder zumindest zu reparieren. Egal welchen Weg Sie wählen, schenken Sie Ihrer Kleidung ein langes Leben!

Und noch eine kleine Anregung zum Abschluss. Nicht überall gibt es schon öko-faire Alternativen. Fragen Sie aber vor jedem Einkauf nach. Zum einen zeigen Sie damit, dass es ihnen nicht egal ist, wie ihre Kleidung hergestellt wurde. Ihre Fragen sind ein Kaufsignal, die dem Betrieb zeigen, es gibt mehr und mehr Menschen, die Wert auf ökologisch und fair produzierte Kleidung legen. Zum anderen sorgen Sie dafür, dass die Verkäuferinnen und Verkäufer entsprechend besser geschult werden, um ihre Fragen beantworten zu können. Das schafft zumindest einmal Transparenz. So können wir mit kleinen Schritten einen Beitrag dazu leisten, dass sich das Angebot auch in Ihrer Stadt Schritt für Schritt erweitert.

Solange es keine gesetzlichen Vorgaben gibt, die ökologische und soziale Standards verbindlich vorschreiben, solange wird es auch unsere Mit-Verantwortung sein, dafür zu sorgen, dass nicht Umweltschäden und die Verletzung von Menschenrechten in unseren Kleidern stecken.

Ein Mahnmal von Tod und Leid:
Beim Einsturz des Rana-Plaza-Komplexes
starben 1127 Menschen, 2438 Menschen erlitten
zum großen Teil schwere Verletzungen.

Orte der Zerstörung und des Leids

Fotografiert von Gordon Welters

Als einer der Erstretter am Rana-Plaza-Komplex hatte dieser Mann mehr als dreißig Menschen aus den Trümmern gezogen und gerettet.

Die im November 2012 ausgebrannte Fabrik Tazreen
Fashion, bei der 117 Menschen ums Leben kamen
und mehr als 200 Menschen verletzt wurden.

Gräberfeld mit nicht identifizierten Toten des Unglücks
von Rana Plaza auf einem Friedhof in Dhaka.

Müssen wir nicht eine Ordnung der Welt finden, die jenseits des Wettbewerbs liegt – eine Ordnung, die eine solche des Menschenrechts wäre, also eine Ordnung zugleich der Freiheit und der Gleichheit in jeder Dimension des Lebens und der Welt, auch der ökonomischen?

THOMAS SEIBERT

Thomas Seibert

Jenseits des Wettbewerbs.
Offene Fragen

Ich spreche zu Ihnen einerseits als Südasienkoordinator der Hilfs-
und Menschenrechtsorganisation *medico international* und ande-
rerseits als Philosoph, der seiner Leidenschaft nicht nur in freien
Stunden, sondern in möglichst enger Verbindung mit seiner Arbeit
folgt. Ich sage das, um Sie wissen zu lassen, von woher ich zu Ihnen
spreche.

Eingeschleust von Gewerkschaftlern habe ich 2007 in Sri Lanka
erstmals eine Freihandelszone der internationalen Textilindustrie
besichtigen können: ein vom Rest des Landes durch stacheldraht-
bewerte Grenzschutzanlagen abgetrenntes und von Bewaffneten
eines privaten Sicherheitsdienstes bewachtes Areal. Dahinter eine
Welt ganz für sich, zu neunzig Prozent von meist jungen Frauen
bewohnt, Frauen, die dort im Schichtdienst sechs Tage die Woche
oft zehn Stunden täglich arbeiten, für ein Gehalt von etwa ein-
hundert Dollar im Monat.

Nach Schichtende kaufen diese Frauen auf Märkten um die
Fabrik ein paar überteuerte Lebensmittel, hasten in ihre elenden
Herbergen, bereiten sich ihr Essen und legen sich abgeschafft in ein
Bett, das noch warm ist von der Kollegin, die gerade erst zu ihrer
Zehnstundenschicht aufgebrochen ist. So geht das Tag für Tag,
Woche für Woche, für die meisten etwa zehn Jahre lang, dann ist
Schluss, dann gehen viele dorthin zurück, von wo sie aufgebrochen

sind, mit wenig mehr, als sie damals ihr eigen nannten. Wer nicht aufs Land zurückkehrt, sucht sich und seinen Kindern einen Platz in den Slums der Metropole Colombo – in der Hoffnung, dass es den Kindern dort besser gehen wird – der Schule wegen. In Bangladesch, Indien, Pakistan verläuft das Leben einer Textilarbeiterin wenig anders.

Die T-Shirts, die Hemden und die Hosen, die wir alle hier in gleichgültig welchem Kaufhaus oder welcher Boutique erwerben, bergen in sich ausnahmslos Geschichten wie die, die ich eben vorgetragen habe. Was wir hier am Leib tragen, stammt in den allermeisten Fällen aus südasiatischer oder südostasiatischer Produktion, stammt vielleicht aus einer Freihandelszone in der Nähe Colombos, stammt vielleicht aus Savar und Ashulia, einstmals zwei Dörfer in der Nähe von Bangladeschs Hauptstadt Dhaka, die innerhalb von zwanzig Jahren durch das Wachstum der Textilindustrie zu Großstädten wurden, was wir tragen könnte aber auch aus der Sindh Industrial Trade Estate (SITE) stammen, einem ebenso riesigen wie staubigen Komplex von Textilfabriken und ärmlichen Arbeitersiedlungen, gelegen im nach Millionen zählenden Stadtteil Baldia im pakistanischen Karatschi.

Die zwei Enden der einen Welt

Wegen der zuletzt genannten Orte sind wir hier versammelt: In SITE verbrannten am 11. September 2012 zweihundertfünfzig pakistanische Arbeiterinnen und Arbeiter – dort spricht man seither vom „Industrial 9/11". In Ashulia starben am 24. November 2012 112 Arbeiterinnen und Arbeiter den Feuertod, und in Savar wurden beim Einsturz des Rana-Plaza-Komplexes am 24. April 2013 1127 Menschen erschlagen oder zerquetscht, 2438 trugen zum großen Teil schwere Verletzungen davon.

Am anderen Ende der einen, der globalisierten Welt, hier bei uns in Europa oder in Nordamerika, wird das Ungeheuerliche unterm letzten Strich als „Wettbewerbsvorteil" verbucht, und das Nutzen und Ausnutzen jedes nur irgend zu gewinnenden „Wettbewerbsvorteils" ist das erste religiöse Gebot unserer Epoche, einer Epoche, deren herrschender Mythos der Segen des freien Wettbewerbs ist.

Seit dem Industrial 9/11 wissen wir ausdrücklich, was wir zumindest unausdrücklich vorher bereits hätten wissen müssen, weil wir es eigentlich nicht nicht wissen konnten. Was aber wissen wir jetzt, was konnten wir früher schon nicht nicht wissen? Wir wissen jetzt, dass das Nutzen des den einen gegebenen, weil den anderen genommen Wettbewerbsvorteils eine tödliche Sache ist, wir wissen jetzt, dass der globale Wettbewerb ganz nach und getreu den Worten des britischen Premierministers David Cameron ein „Rattenrennen" ist, ein Rennen, in dem sich Ratten um die Wette jagen, die eine auf den Vorteil der anderen aus, auf Leben und Tod, um Leben und Tod.

Ich zitiere den britischen Premierminister nicht wegen der drastischen Rhetorik seiner sachlich richtigen Bemerkung. Ich zitiere David Cameron, weil ich mit ihm meinen ersten und wichtigsten philosophischen Punkt mache. Dieser Punkt liegt in der Anerkennung des Umstands, dass das Wissen allein gerade nicht zu der von ihm, dem Wissen, eigentlich geforderten Entscheidung führt. Denn trotz gleichen Wissensstandes hat Cameron im Unterschied zu mir seine Formulierung in keinster Weise kritisch gebraucht, ganz im Gegenteil: im Verweis darauf, dass unsere Weltwirtschaftsordnung ein Rattenrennen auf Leben und Tod ist, hat der britische Premier seine Position bekräftigt, dass Politik im 21. Jahrhundert wenn nicht allein, so doch vor allem die Aufgabe habe, die Bedingungen herzustellen und zu sichern, unter denen wir unseren Wettbewerbsvorteil suchen müssen und finden können – möglichst frei von außerökonomischen Einschränkungen, in radikaler Konformität dem Markt gegenüber – den Begriff der „marktkonformen Demokratie" hat, wir wissen das, Bundeskanzlerin Angela Merkel geprägt.

Mir geht es jetzt nicht um die politische und moralische Bewertung der Regierenden, sondern allein um die ebenso schlichte wie zutiefst abgründige Wahrheit unserer Existenz, dass bloßes Wissen allein noch nicht zureicht, um die eigene Entscheidung zu treffen. Dies ist nicht nur, aber immer auch so, weil eine wirkliche Entscheidung zuletzt stets ein Akt der Freiheit ist. Weil das so ist, kann man, wie nicht nur Cameron dies tut, selbst nach dem Industrial 9/11 sagen: „Bedauerlich, ja schrecklich, was da geschehen ist, eigentlich sogar ungeheuerlich, niemand hat das gewollt, aber so ist die Welt nun einmal, das ist die globalisierte Welt – wenn wir den Wettbewerbsvorteil nicht nutzen, werden das andere tun, es muss jede und muss jeder selbst sehen, wo er oder sie bleibt – die Welt ist ein Rattenrennen, friss oder stirb."

Dabei würde Cameron und würden viele andere es nicht bei diesen selbst ungeheuerlichen Worten belassen. Mit der Hilfe ihrer Wirtschaftswissenschaftler*innen, mit der Hilfe also der Priester*innen des Mythos unserer Zeit, würden sie uns vielmehr versichern, dass und warum der Wettbewerb „on the long run", also auf lange Sicht, allen helfen wird, warum der im Nutzen des

Wettbewerbsvorteils erworbene Gewinn „trickle down" letztlich allen helfen wird, auch den Enkel*innen und Urenkel*innen derer, die in Baldia, Savar und Ashulia verbrannt, erschlagen und zerquetscht worden sind.

Ich hoffe inständig, dass der Appell, den das im Industrial 9/11 ausdrücklich gewordene Wissen an unsere Freiheit richtet, von dieser Freiheit anders beantwortet wird als von David Cameron und den Seinen. Cameron und die Seinen: Dazu zähle ich die Verantwortlichen der Unternehmen, die erst nach zähen und viel zu langen Verhandlungen zu Entschädigungszahlungen bereit waren, die in den meisten Fällen unter dem geforderten Betrag liegen. Dazu zähle ich natürlich die Verantwortlichen der Unternehmen, die jede Verantwortung für das Geschehene verleugnet und deshalb auch nicht entschädigt haben, dazu zähle ich auch und nicht zuletzt die Verantwortlichen des Discounters KiK, mutmaßlich alleiniger Auftraggeber der abgebrannten Fabrik in SITE, die zwar verhandelt und teilentschädigt haben, die Verhandlungen dann aber zum Abbruch gebracht haben. Dazu zähle ich alle Verantwortlichen aller Unternehmen, die in ihren Betrieben trotz des Industrial 9/11 nichts oder nur wenig geändert haben, die ihren Wettbewerbsvorteil weiter so realisieren, dass sie ihre Arbeiter*innen weiter sechs Tage die Woche bis zu vierzehn Stunden am Tag für Löhne zwischen 60 und wenig über 100 Dollar arbeiten lassen, in Gebäuden, die eine Wiederholung der Brände von SITE und Ashulia nicht ausschließen, in Gebäuden, die wie das von Rana Plaza von einer Minute auf die andere einstürzen können.

Weil ich möchte, dass unsere Freiheit sich anders entscheidet, möchte ich das mit dem Industrial 9/11 ausdrücklich gewordene Wissen jetzt in drei Hinsichten vertiefen. Ich tue das nicht, um uns vom unumgänglichen Gebrauch unserer Freiheit zu entlasten, sondern um uns trotz der Unumgänglichkeit der Freiheit Gründe an die Hand zu geben, uns anders zu entscheiden als Cameron und die Seinen. Deshalb entfalte ich diese Hinsichten in der Form offener Fragen.

I.

Reicht es aus, wie ich es eben getan habe, persönlich Verantwortliche zu benennen, Individuen also, die – wir alle wissen das – auch weiter so handeln werden, wie sie bisher gehandelt haben? Anders gefragt: Hängt der Industrial 9/11 und hängt die von ihm ja nur ausdrücklich gemachte Normalität der globalen Produktions- und Lieferketten an einzelnen Individuen oder bestimmten Unternehmen?

Ja und Nein. Ich will und werde hier niemanden aus seiner Verantwortung entlassen, im Gegenteil, wir als medico finanzieren die von vier pakistanischen Arbeiterinnen und Arbeitern vor einem deutschen Gericht eingereichte Zivilklage gegen KiK und wir werden diese Klage mit allen geforderten Mitteln juristisch-politisch begleiten, zusammen mit den Kolleg*innen des ECCHR. Aber reicht das aus?

Natürlich sind die Manager von KiK verantwortlich für das, was sie getan haben und weiter tun. Wir wissen und können belegen, dass sie mehrmals persönlich vor Ort waren und dass das Gutachten zur Gebäudesicherheit, auf das sie sich berufen, bei einem Unternehmen bestellt wurde, das weltweit für Gefälligkeitsgutachten bekannt ist. Doch wissen wir unausdrücklich schon lange und seit dem Industrial 9/11 ausdrücklich, dass sie in gewisser

Weise Recht haben, wenn sie sagen, dass sie nur getan haben und weiter tun, was sie tun mussten, weil das systematische und strategische Ausnutzen von Wettbewerbsvorteilen das bedingungslos geltende Grundgesetz der kapitalistischen Weltwirtschaftsordnung ist, und weil unter dieser Ordnung gnadenlos zur Verlierer*in wird, wer sich diesem Grundgesetz nicht fügt.

Geht es deshalb nicht, so frage ich Sie, um weit mehr als um persönliche Verantwortlichkeiten fehlbarer Individuen? Geht es nicht um die Struktur und Logik einer Weltwirtschaftsordnung, die zuerst und zuletzt auf dem Ausnutzen globaler Wettbewerbsvorteile beruht? Müssen wir also nicht, soll sich der Industrial 9/11 nicht wiederholen, diese Weltwirtschaftsordnung überwinden? Müssen wir nicht eine Ordnung der Welt finden, die jenseits des Wettbewerbs liegt – eine Ordnung, die eine solche des Menschenrechts wäre, also eine Ordnung zugleich der Freiheit und der Gleichheit in jeder Dimension des Lebens und der Welt, auch der ökonomischen? Heißt es nicht im §28 der Allgemeinen Erklärung der Menschenrechte: „Jede*r hat Anspruch auf eine soziale und internationale Ordnung, in der die in dieser Erklärung verkündeten Rechte und Freiheiten voll verwirklicht werden können" – ich unterstreiche: „voll verwirklicht werden können?"

II.

Doch reicht es aus, neben den persönlich mitverantwortlichen Managern die abstrakte, doch trotzdem zwingende Struktur der Weltwirtschaftsordnung für den Industrial 9/11 und die von ihm zugleich entborgene und verborgene Normalität der globalen Produktions- und Lieferketten verantwortlich zu machen? Wissen wir nicht, dass die herrschende Weltwirtschaftsordnung deshalb so „alternativlos" und folglich unangreifbar herrscht, weil sie mit einer globalen Lebensweise verklammert ist – mit der unseren, der Lebensweise der globalen Ober- und Mittelklassen, einer Lebensweise aber auch, die selbst und nicht zuletzt für die Textilarbeiter*innen Südasiens das Ziel all' ihrer Wünsche ist? Wurde uns bei medico deshalb das nach dem Industrial 9/11 gedruckte Plakat geradezu aus den Händen gerissen, auf dem die Schauspielerin Pegah Ferydoni ebenso schlicht wie wahrheitsgemäß sagt: „Wenn das T-Shirt mehr wert ist als die Näherin, liegt es an uns"?

Der Satz kann doppelt gelesen werden. Wenn das T-Shirt mehr wert ist als die Näherin, dann liegt das insofern an uns, als wir dieses T-Shirt gekauft und damit unseren ganz persönlichen Wettbewerbsvorteil genutzt haben, und das nicht nur einmal, sondern ungezählte Male, in einer seit Jahren rasant nach oben weisenden Kurve an Verkaufszahlen.

Es liegt aber auch insofern an uns, als an uns und an unsere Freiheit der Appell ergangen ist, mit diesem Verhältnis Schluss zu machen, eben nicht nur in der Ordnung der Weltwirtschaft, sondern auch in der unseres eigenen wie unseres gemeinsamen Lebens. Dieser Appell – wer hat ihn nicht schon vernommen? – ist umso eindringlicher, als er nicht nur von den Textilarbeiter*innen ergeht, nicht nur von den Sklav*innen der Baumwollplantagen, von den Elenden der mörderischen Webereien und den Elenden der großen Häfen, sondern weltweit von allen Verlierer*innen des globalen Wettbewerbs und des von ihm hervorgerufenen Unglücks – haben die letzten Wochen nicht uns allen klar gemacht, dass diese

Menschen uns jetzt nicht mehr den Gefallen tun werden, in ihren fernen Ländern zu verbleiben?

Und: Ergeht dieser Appell nicht auch von Seiten der Erde selbst an uns, von Seiten zum Beispiel der durch den Großeinsatz giftigen chemischen Düngers verwüsteten Ländereien, in denen die Baumwolle für unsere T-Shirts und Jeans angepflanzt wird, weite Gegenden Südasiens, in denen die Zahl verkrüppelter Neugeborener seit Jahren so rasant ansteigt wie unser Kleiderkonsum?

Und: Wissen wir nicht alle, dass es dabei nicht nur um unseren Kleiderkonsum geht, sondern nahezu um alles, was wir auf dem freien Markt erwerben, was für den freien Markt hergestellt und auf dem freien Markt angeboten wird? Haben wir das nicht schon vor dem Industrial 9/11 gewusst?

Und wurden wir nicht gerade erst darüber belehrt, um welchen Preise uns die Automobilindustrie unseren Wunsch nach größtmöglicher individueller Mobilität erfüllt, wurden wir nicht gerade aufgeklärt, mit welch krimineller Energie uns das Wünschen unserer Wünsche erleichtert wird, wider besseres Wissen?

III.

Aber haben wir überhaupt die Freiheit, die Weltwirtschaftsordnung des Industrial 9/11 und die mit ihr verklammerte globale Lebensweise zu ändern? Sind wir nicht ohnmächtig ihrem Rattenrennen ausgeliefert? Ist Jean-Paul Sartres berühmter Satz, nachdem der Mensch zur Freiheit verurteilt ist, nicht längst durch den Satz David Camerons ersetzt, nach dem der Mensch zum Wettbewerb und zum Nutzen seines Wettbewerbsvorteils verurteilt ist? Der Satz Sartres kann durch den Satz Camerons gar nicht gestrichen werden, denn er bleibt als Satz über unser Sein auch dann wahr, wenn der Satz Camerons empirisch richtig ist: Die Freiheit kann sich vorbehalten, sich allein für sich der Welt zu versagen und sie abzuwählen, weil und wenn die Welt kein Ort ist, an dem sie, die Freiheit, zu Hause sein kann.

Allerdings kann, was philosophisch und ethisch wahr bleibt, politisch unzureichend sein, weil uns zumindest auf absehbare Zeit noch eine dritte Option bleibt. Diese dritte Option liegt darin, dass wir diese Weltwirtschaftsordnung und die sie tragende Lebensweise bis auf Weiteres zwar nicht gänzlich, doch immerhin in Teilen und in Grenzen ändern können, in kleinen pragmatischen Schritten.

Deshalb hat diese Konferenz bereits solche Schritte diskutiert, und deshalb finanzieren wir von medico nicht nur die Zivilklage gegen KiK, sondern auch die medizinische Versorgung von Rana Plaza-Überlebenden, deshalb unterstützen wir die Arbeit von Gewerkschaften und Arbeitsrechtsorganisationen in Pakistan, Bangladesch und Sri Lanka, deshalb haben wir mit unseren Spender*innen dafür gesorgt, dass die National Trade Unions Federation in Karatschi jetzt wenigstens über ein eigenes Haus verfügt, von dem aus sie künftig das erste aller Menschenrechte wahrnehmen wird, das Recht auf Widerstand gegen die Missachtung des Menschenrechts. Was uns mit den Hinterbliebenen, den Überlebenden und den Gewerkschafter*innen vereint, ist die Ablehnung bloß freiwilliger Zusagen und die Forderung nach rechtlich bindenden Regelungen weit über alles hinaus, was hier bisher vereinbart wurde: ein Ziel, dem auch die Zivilklage gegen KiK dient – wie auch immer das Gericht entscheiden wird.

Wir tun das nicht, weil wir glauben, dass ein Gerichtsurteil Gerechtigkeit schaffen könnte: Keine Entschädigung kann wiedergutmachen, was geschehen ist. Wir tun das, um uns ohne Wenn und Aber für den bedingungslosen Vorrang des Rechts und des Menschenrechts und damit der Politik vor dem Wettbewerb, dem Markt und damit der Ökonomie einzusetzen: weil wir wissen, dass sich die Dinge nur ändern werden, wenn es uns gelingt, den Vorrang der Politik vor der Ökonomie wieder herzustellen beziehungsweise erstmals durchzusetzen. Genauer noch: Wir tun das, weil wir wissen, dass die pragmatischen kleinen Schritte nur dann einen Unterschied machen werden, wenn sie Schritte zur Änderung des Ganzen sind und wenn sie mit dem politischen Willen gegangen werden, den Vorrang der Politik vor der Ökonomie und des Gemeinwohls vor dem Wettbewerbsvorteil durchzusetzen.

Haben wir das nicht schon vor dem Industrial 9/11 gewusst? Ist es nicht höchste Zeit, uns dieses Wissen ausdrücklich zu machen und uns damit zu den freien Zeuginnen und Zeugen dieses Wissens zu machen? Und wäre eine solche freie Entscheidung zu dem, was wir wissen und in Wahrheit nicht nicht wissen können, wäre eine solche Entscheidung nicht der erste Schritt auch einer anderen Lebensweise, eines Lebens wenn nicht schon jenseits des Wettbewerbs, so doch gegen das Rattenrennen des Wettbewerbs? Ist es nicht diese Frage, die sich uns allen stets so stellt, dass sie sich zuerst jeder und jedem einzelnen stellt – als eine Frage, die zuletzt nur aus Freiheit beantwortet werden kann: der Freiheit, wirklich zu wissen, was wir nicht nicht wissen können?

Wir wissen, dass sich die Krisen dieser Welt verschärfen werden, ökonomisch und ökologisch, politisch und moralisch. Damit werden sich die Frontstellungen vertiefen und verschärfen zwischen denen, die Grenzen schließen und unüberwindlich machen wollen, Außengrenzen und Innengrenzen, als letztes Mittel und letzten Weg, ihren Wettbewerbsvorteil zu nutzen, und denen, die Grenzen öffnen und abbauen wollen – die letzten Wochen haben gezeigt, dass die Zahl der Letztgenannten, die Zahl derer, die zwischen ihrem Wissen von der Welt und ihrer Freiheit in der Welt einen Zusammenhang, eine Übereinstimmung herstellen wollen, deutlich größer ist als viele von uns geahnt und gehofft haben. Wir kommen nicht umhin, diesen Konflikt zu verschärfen, ihn zum Konflikt um unsere Zukunft zu machen, auf allen Feldern, auf den wir herausgefordert sind, uns zu entscheiden. Müssen wir diesen Konflikt, diese Konflikte nicht wollen? Wenn das T-Shirt mehr wert ist als die Näherin, liegt es an uns.

Wenn das T-Shirt
mehr wert ist
als die Näherin,
liegt es an uns.

TITEL EINES PLAKATS

Autorenverzeichnis
und Vorstellung
der Kooperationspartner

Autorinnen und Autoren

Frank Braun ist Vorstandsmitglied
beim Verein Bluepingu e.V.; er ist derzeit
Eine-Welt-Promotor für den Bereich
Nordbayern mit Dienstsitz in Nürnberg
für das EWNB (Eine-Welt-Netzwerk
Bayern).

Siegfried Grillmeyer leitet seit 2008
das Caritas-Pirckheimer-Haus, die
katholische Akademie der Erzdiözese
Bamberg und des Jesuitenordens.

Michael Krennerich ist Hochschullehrer
am Lehrstuhl für Menschenrechte und
Menschenrechtspolitik der Friedrich-
Alexander-Universität Erlangen/Nürn-
berg und Vorsitzender des NMRZ (Nürnberger Menschenrechtszentrum).

Martina Mittenhuber leitet das
Menschenrechtsbüro der Stadt Nürnberg.

Thomas Seibert ist Philosoph und
Mitarbeiter von Medico International.

Kooperationspartner

bei der Durchführung der Konferenz „Untragbar! Stoff zum Nachdenken" vom 24. bis 26. September 2015 anlässlich der Verleihung des des Nürnberger Menschenrechtspreises

Akademie CPH – Die Akademie der Erzdiözese Bamberg und des Jesuiten-ordens setzt sich neben klassischen Schwerpunkten wie der theologischen Bildung seit Jahren für Menschenrechts-bildung ein (www.cph-nuernberg.de).

Bluepingu e.V. – Der Verein Bluepingu setzt sich für eine ökosoziale Ausrichtung unserer Gesellschaft ein und engagiert sich neben der Kampagnenarbeit vor allem im Bildungsbereich für eine nach-haltige Wirtschaft und Gesellschaft.

CIR (Christliche Initiative Romero) – Die christliche Initiative Romero analy-siert gesellschaftliche Geschehnisse in Mittelamerika und setzt sich in einer langfristigen Kampagne für saubere Kleidung ein. In diesem Zusammenhang wurden zahlreiche Werkmappen für die Jugend- und Erwachsenenbildung herausgegeben (Näheres unter www.ci-romero.de).

DGB Mittelfranken – Der Deutsche Gewerkschaftsbund Mittelfranken hat als Regionalverbund seinen Schwerpunkt in der Metropolregion Nürnberg, arbeitet aber weltweit mit Gewerkschaftlern zusammen, so auch mit den Preisträgern in Bangladesch.

Menschenrechtsbüro der Stadt Nürnberg – Das Menschenrechtsbüro der Stadt Nürnberg ist u.a. auf Öffent-lichkeits- und Bildungsarbeit für den Bereich Menschenrechte fokussiert (vgl. dazu www.nuernberg.de/menschenrechte.de).

NMRZ (Nürnberger Menschenrechts-zentrum) – Das NMRZ ist als unabhän-giger Verein seit über 25 Jahren tätig, um sich auf lokaler, nationaler und internationaler Ebene für Menschen-rechte einzusetzen (vgl. dazu www.menschenrechte.org).

Die Edition CPH …

… lädt ein zum Nachdenken, Nachlesen und Nachblättern.

… dokumentiert Ausstellungen, Konferenzen und Projekte
an der Akademie Caritas-Pirckheimer-Haus in Nürnberg.

… berichtet von Kooperationsveranstaltungen mit
und an der Akademie Caritas-Pirckheimer-Haus.

… wird vom Leiter des Hauses herausgegeben und
ergänzt die Reihe „Fragen der Zeit. Veröffentlichungen
der Akademie Caritas-Pirckheimer-Haus".

In der Edition CPH erscheinen demnächst …

… eine Kurzbiografie zu unserer Namenspatronin
Caritas Pirckheimer.

… ein Künstlerporträt zu Carsten Fock und seiner Kunst im CPH.

… eine Dokumentation zur Interviewreihe Menschenrechte.

Rückmeldungen zur Edition CPH …

… richten Sie bitte an die
Akademie Caritas-Pirckheimer-Haus
z. Hd. Akademiedirektor Siegfried Grillmeyer
Königstraße 64 in 90402 Nürnberg
E-Mail: leitung@cph-nuernberg.de
www.cph-nuernberg.de

Bildnachweis

Christine Dierenbach
10, 14/15

Gordon Welters
www.gordonwelters.com
Umschlagfoto, 20/21, 22/23, 24/25,
26/27, 42/43, 44/45, 46/47, 48/49,
70/71, 72/73, 74/75, 76/77

Anand Parmar
66/67

Porträts der Preistägerinnen
und Preisträger auf Seite 18:

Amirul Haque Amin – Foto: privat
Kasha Jacqueline Nabagesera – Foto: Laurence Grangien
Hollman Morris – Foto: privat
Abdolfattah Soltani – Foto: privat
Eugénie Musayidire – Foto: Hesselmann
Tamara Chikunova – Foto: Christine Dierenbach
Teesta Setalvad – Foto: Christine Dierenbach
Ibn Abdur Rehman – Foto: Christine Dierenbach
Bischof Samuel Ruíz García – Foto: privat
Fatimata M'Baye – Foto: Herbert Liedel
Abe J. Nathan – Foto: privat
Khémaïs Chammar – Foto: Herbert Liedel
Sergej Kowaljow – Foto: Christine Dierenbach

Bibliografische Information der Deutschen Nationalbibliothek

Die Deutsche Nationalbibliothek verzeichnet diese Publikation
in der Deutschen Nationalbibliografie; detaillierte bibliografische
Daten sind im Internet über <http://dnb.d-nb.de> abrufbar.

© 2016 Echter Verlag GmbH · www.echter.de

Gestaltung: Peter Hellmund
Lektorat: Thomas Barth
Druck und Bindung: bonitasprint, Würzburg

ISBN 978-3-429-04315-5